Kirstin Kabasci

Einstieg arabisch

Herausgegeben von
Hedwig Nosbers und Matthias Öhler

Hueber Verlag

Bildernachweis:
Coverfotos: Mann: © Getty Images/Ryan McVay
Hintergrund © Visum/Panos Pictures
Alle Fotos © Kirstin Kabasci, Vettweiß-Gladbach

5. 4. 3. | Die letzten Ziffern bezeichnen
2020 19 18 17 16 | Zahl und Jahr des Druckes.
Alle Drucke dieser Auflage können, da unverändert, nebeneinander benutzt werden.
4. Auflage 2011

Umschlaggestaltung: creative partners gmbh, München
Redaktion: Dr. Hedwig Nosbers und Matthias Öhler, Bonn
Layout: Cihan Nawaz, München
Satz: www.brigitte-martin.de, Bonn
Tonträger: www.homefamily.de, Wiesbaden
Druck: Firmengruppe APPL, aprinta druck GmbH, Wemding
Printed in Germany
ISBN 978-3-19-005290-5

Art. 530_04646_004_03

Inhalt

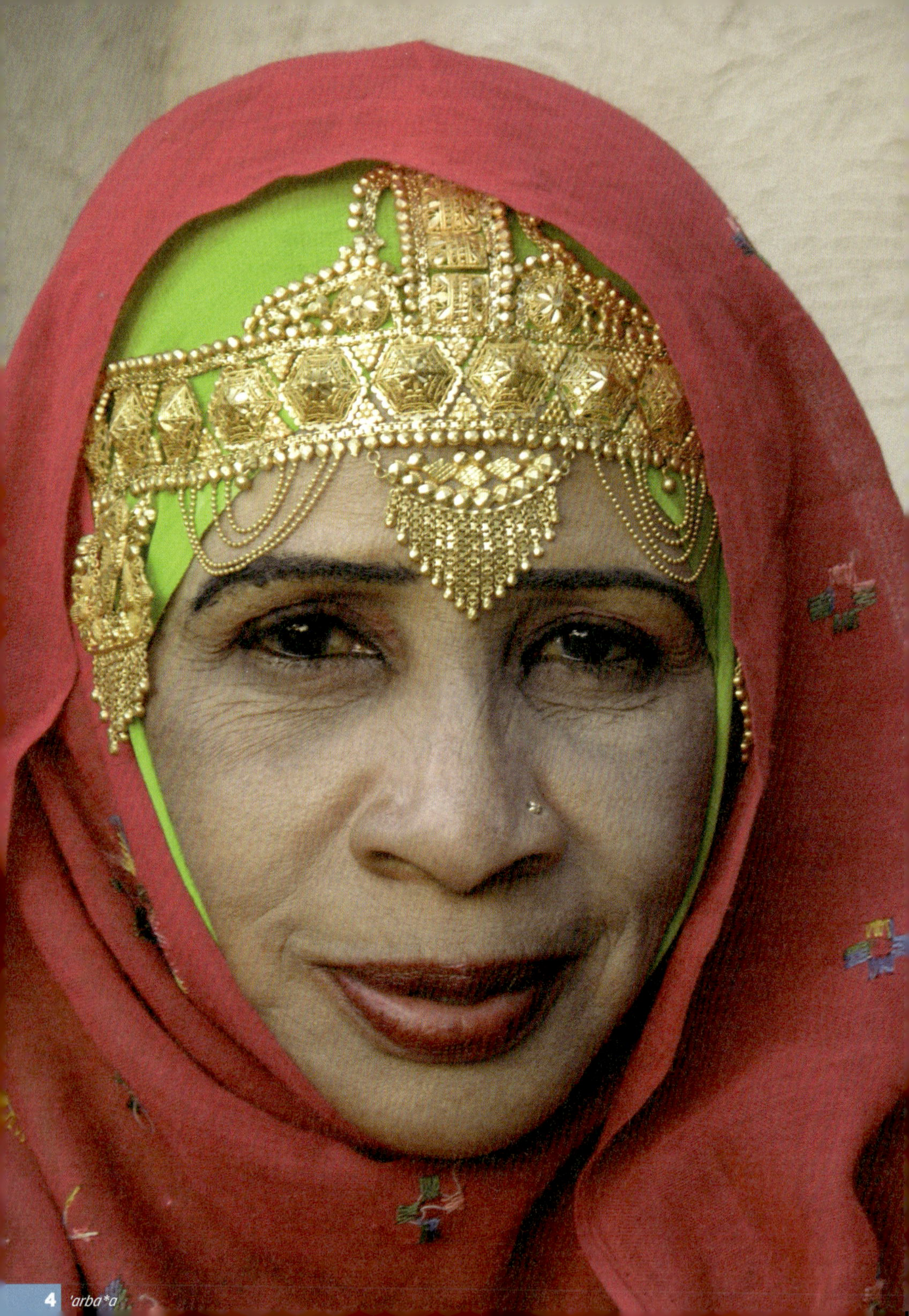

Ein Wort zuvor

Mit über 150 Millionen Sprechern ist Arabisch eine der verbreitetsten Sprachen der Welt.
In 20 Lektionen erlernen Sie schnell die wichtigsten Ausdrücke und Sätze für die Alltags-Konversation. Keine Angst – dieses Buch macht es Ihnen leicht. Es ist für Anfänger ohne Vorkenntnisse konzipiert, mit den arabischen Schriftzeichen brauchen Sie sich nicht abzuplagen. Stattdessen lernen Sie mittels einer vereinfachten Umschrift (Transliteration) und den Tonträgern (CD). Wichtige Wörter und Satzwendungen werden im praktischen Zusammenhang und in unterhaltenden Dialogen präsentiert. Grammatikalische Grundregeln werden erläutert, doch steht die Konversation stets im Vordergrund. Abgerundet wird dieses Buch mit zahlreichen Einführungstexten und hilfreichen Hintergrundinformationen. Beim Lernen begleitet Sie der Arabischstudent Oliver, der mit seinem syrischen Freund Khalîl in Damaskus dessen Familie besucht. Olivers Begegnungen sind in je zwei Dialogen pro Lektion dargestellt. Jedem Dialog folgt ein Übungsteil.
Bei einer Reise in ein arabisches Land werden Sie schnell merken, dass es gar nicht so kompliziert ist, Arabisch zu sprechen und dass Sie schon mit wenigen Worten viel sagen können. Ihre arabischen Gesprächspartner werden jedes einzelne Wort sehr zu würdigen wissen.

Kirstin Kabasci

Sobald Sie Zeit haben ...
... beginnen Sie mit der ersten Lektion. Und wenn Sie schon nach einigen Wiederholungen glauben, eine Übung mit Leichtigkeit zu meistern, arbeiten Sie sie erneut durch.

Wiederholen und mitsprechen
Frischen Sie Vokabeln, Dialoge und Übungen so oft wie möglich auf und sprechen Sie die Texte laut (!) mit. „Nur" mitdenken gilt nicht!

G Gebrauchsanweisung

Erfolg durch Routine
Lernen Sie regelmäßig jeden Tag in aller Ruhe und schaffen Sie sich dabei Ihre eigene Lernroutine, die etwa so aussehen könnte:
- Einführungstext lesen
- neue Wörter des Teils A drei- bis viermal laut lesen und anhören
- den Dialog ebenfalls drei, viermal mitlesen und hören
- kurze Pause
- neue Wörter wiederholen und lernen
- Übungen machen
- große Pause oder einen Tag später:
- Teil B nach gleichem Muster durchgehen

Tipp
Schreiben Sie sich Wörter, die Sie partout nicht behalten können, in ein Vokabelheft oder auf Karteikarten und schauen Sie sich diese immer wieder an.

Dieser Arabischkurs umfasst 20 Lektionen in fünf thematischen Lerneinheiten. Lerneinheit 1 (Lektion 1 bis 4) dreht sich ums Kennenlernen und Begrüßen. Die nachfolgenden Kapitel behandeln dann die Themen Organisatorisches (Bank, Post, Arzt, Telefonieren), Touristisches (Sightseeing, Einkaufen, Handeln), Essen und Trinken (Café, Restaurant, Feste) und schließlich unterwegs (Verkehrsmittel, Hotel, Gastfreundschaft).

Die Struktur der einzelnen Kapitel bleibt über das ganze Buch hinweg unverändert, Sie finden sich also immer sofort zurecht:

- Der Einführungstext führt in das Thema der Lerneinheit ein und vermittelt kulturelles Hintergrundwissen. Hier begegnen Sie immer wieder Oliver, der mit seinem Freund Khalîl dessen Familie in Syrien besucht.
- Wörter und Dialog (Teil A): Jeweils alle neuen Vokabeln werden aufgelistet und in einem kurzen Dialog miteinander verbunden. Vokabeln und Dialoge finden Sie auch auf der CD, die Sie am besten immer von Anfang an mithören und deren Texte Sie laut mitsprechen sollten.
- Übungen: Jetzt wird es ernst und Sie können in verschiedenen Übungen den Lernstoff vertiefen. Die Ausweitung des Wortschatzes, das Textverständnis und die Fähigkeit zur Kommunikation stehen im Vordergrund. Alle Lösungen können Sie im Schlüssel am Buchende nachschlagen. Jeweils eine Übung ist auf CD zu hören. So können Sie immer wieder Ihre Aussprache überprüfen und korrigieren.
- Dieses Schema wiederholt sich (Teil B) mit Vokabeln, Dialog und einem weiteren Übungsblock.
- Am Ende jeder Lektion steht ein Lesetext mit Hintergrund-Informationen zu Alltag und Kultur in der arabischen Welt.

Was Sie sonst noch erwartet

- Nach jeder Lerneinheit (also nach den Lektionen 4, 8, 12, 16 und 20) kommt ein kleiner Test, den Sie hoffentlich mit Bravour meistern. Wer schummeln möchte – nur zu: Im Anhang finden Sie den Schlüssel.
- Dieser Schlüssel enthält neben den Antworten zu den Tests auch alle Lösungen zum Übungsteil.
- Die Aussprache im Überblick gibt Hinweise zu einzelnen Lauten und zur Umschrift (Transliteration), die wir in diesem Buch verwenden. Weiterhin finden Sie hier Informationen zu Geschichte und Gegenwart der arabischen Sprache.

- Ein kurzer Grammatiküberblick fasst das Gelernte zusammen: Das haben Sie gelernt und das sollten Sie auch beherrschen: Verbformen, Zeiten, Pronomen ... Außerdem können Sie Wichtiges nachschlagen.
- Die Wörterliste enthält alle Wörter, die in diesem Buch auftauchen. Wenn Sie alles durchgearbeitet haben, entspricht diese Liste genau Ihrem aktiven und passiven Wortschatz.

Der Tonträger (CD)

Das Lernen einer Fremdsprache sollte alle Sinne fordern. Ein Video haben wir zwar nicht im Angebot, doch die CDs sorgen zumindest für die Schulung Ihres Hörverständnisses und sensibilisieren Ihr Ohr für die richtige Aussprache. Unsere Sprecher sprechen vereinfachtes modernes Hocharabisch, damit kommen Sie in allen arabischsprachigen Ländern klar. Und selbst gegenüber Menschen, die nur einen regionalen Dialekt sprechen, werden Sie sich verständlich machen. Wer kein modernes Hocharabisch spricht, versteht es zumindest durch Radio und Fernsehen.
Für das Hören der CD schlagen wir vor:

- Erstes Anhören bei geöffnetem Buch: Auf die Aussprache achten. Versuchen Sie, sich die Bedeutung der Vokabeln einzuprägen. Ruhig den Wortschatz ein paarmal hintereinander hören. Nach jedem Wort lassen wir eine kleine Pause, die Ihnen Zeit zum Nachsprechen gibt. Keine übertriebene Zurückhaltung: Gewöhnen Sie sich frühzeitig an Ihre Fremdsprachenstimme.
- Der Dialog A sollte, nachdem Sie die Wörter geübt haben, keine großen Schwierigkeiten mehr machen. Alle neuen Wörter lernen Sie jetzt im Kontext kennen. Achten Sie auf Satzmelodie und Intonation. Äffen Sie guten Gewissens nach, was die Sprecher Ihnen vormachen. Ein bisschen Übertreibung schadet dabei sicher nicht.
- Eine Übung pro Lektion findet sich auch auf CD oder Kassette. Legen Sie das Buch mal aus der Hand, verlassen Sie sich auf Ihr Gehör. Ein kurzer Gong sagt Ihnen, wann Sie mit Sprechen an der Reihe sind. Die Lösung folgt dann später.
- Für den zweiten Teil der Lektion (Dialog B und nachfolgende Übungen) gilt das oben Gesagte entsprechend.

Noch 'n Tipp
In allen möglichen Situationen können Sie sich immer wieder fragen: „Was würde ich dazu jetzt auf Arabisch sagen?“

Alle Vokabellisten, Dialoge und Übungen, die Sie sich von den CDs anhören können, sind mit diesem Piktogramm versehen:

Die beiden Ziffern geben an, auf welcher CD unter welcher Tracknummer der entsprechende Hörtext zu finden ist.

Aussprache
Die wichtigsten Ausspracheregeln finden Sie ab Seite 151.

1

Herzlich willkommen

Linkshänder aufgepasst
Die linke Hand gilt als unrein, da sie zum Waschen nach dem Toilettengang dient. Deshalb beim Begrüßen, Essen o. Ä. nicht benutzen.

Hand aufs Herz
Viele Araber führen bei der Begrüßung ihre rechte Hand zum Herzen und unterstreichen damit ihre Herzlichkeit – im wahrsten Sinne des Wortes.

'ahlan wa sahlan
ist ein sehr höflicher Willkommensgruß, heißt wörtlich „Angehörige und leicht" und bedeutet: „Als Angehörige (und nicht als Fremde) seid ihr gekommen und leicht sollt ihr es haben."

Am späten Abend landen Oliver und Khalîl in Damaskus, der Hauptstadt Syriens. Hier lebt Khalîls Familie und hier hat er seine Kindheit und Jugend verbracht, bevor er nach Deutschland zog. Während Oliver als Nichtsyrier alle Einreiseformalitäten erledigt, kann Khalîl schon die Koffer vom Rollband nehmen. Nach einer flüchtigen Zollkontrolle eilen die beiden zum Ausgang, denn dort wartet schon Khalîls Bruder Salmân, um sie abzuholen.
Yâ Khalîl, yâ Oliver, 'ahlan wa sahlan! (= Khalîl, Oliver, herzlich willkommen!) Überschwenglich fallen sich Khalîl und Salmân in die Arme und drücken sich dicke Küsse auf die Wangen: *'ahlan wa sahlan! As-salâm *alay-kum!* (= Herzlich willkommen! Friede sei mit euch!) Auch Oliver wird mit einem liebevollen Wortschwall und drei saftigen Küsschen empfangen.
Sollten Sie das erste Mal eine solche Begrüßungsszene erleben, so wird Ihnen einiges zunächst sehr spanisch – pardon, arabisch – vorkommen. Doch Sie werden schnell erkennen, dass arabische Begrüßungen ebenso wortreich wie warmherzig sind. Tatsächlich gibt es im Arabischen eine Unmenge von Begrüßungsformeln. Manche sind nur an bestimmte Situationen, Tageszeiten oder Personen gebunden, oftmals wird *'allâh* (Gott) mit einbezogen. Freundlichkeit bedeutet Arabern sehr viel, also sollte man – auch wenn man es eilig hat – Ruhe bewahren und die Begrüßungszeremonie als eine Art Ehrerbietung respektieren.

ahlan wa sahlan

1/2

yâ	(Anrede, steht vor dem Namen)
'ahlan wa sahlan	herzlich willkommen
'ahlan bi-kum	herzlich willkommen (als Erwiderung)
as-salâm *alay-kum	der Friede sei mit dir/euch
wa *alay-kum as-salâm	und der Friede sei mit dir/euch (als Erwiderung)
kayf al-ḫâl?	Wie geht's (wie ist die Lage)?
bi-khayr	gut (mit Wohl, wohlbehalten)
al-ḫamdu li-llâh	Gottlob (das Lob für Gott)
shukran	Dank, danke
kwayyis	gut/schön/o.k.

● Yâ, khalîl, yâ Oliver 'ahlan wa sahlan!	Khalîl, Oliver, herzlich willkommen!
■ 'ahlan bi-kum.	Herzlich willkommen!
● As-salâm *alay-kum.	Der Friede sei mit euch.
■ Wa *alay-kum as-salâm.	Und der Friede sei mit dir.
● Kayf al-ḫâl?	Wie geht's?
■ Bi-khayr, al-hamdu li-llâh. Kayf al-hâl?	Gut, gottlob. Wie geht's?
● Shukran, bi-khayr.	Danke, gut.
■ Kwayyis.	Schön.

as-salâm
wörtlich: der Friede, häufigster arabischer Gruß (passt immer und zu jedem), auch Abkürzung von: *as-salâm *alay-kum:* der Friede sei mit dir/euch. Die Antwort: *wa *alay-kum as-salâm:* der Friede sei mit dir/euch.

Yâ Khalîl, yâ Oliver
Anrede auf Arabisch: Anredepartikel *yâ* vor den Namen!
Yâ kann auch im Sinne „oh, ..." verwandt werden.

der + die ohne das
bestimmter Artikel (der, die): *al-!* Unbestimmte Artikel (ein, eine): gibt es nicht! Nach einem Vokal wird der a-Laut des *al-* meist nicht gesprochen.
Vor 14 besonderen Mitlauten (Sonnenbuchstaben) wird das l in der Aussprache (nicht in der Schrift) dem folgenden Mitlaut angeglichen, z. B. spricht man *as-salâm,* nicht *al-salâm.*
Lange Vokale vor dem Artikel: kurz gesprochen.

1 A

Übungen

Achten Sie genau auf die Aussprache und versuchen Sie, möglichst korrekt nachzusprechen. Sehen Sie sich auch die Hinweise zur Aussprache ab Seite 150 an.

1. Bitte nachsprechen

1/3

1. As-salâm *alay-kum.
2. Wa *alay-kum as-salâm.
3. 'ahlan wa sahlan.
4. 'ahlan bi-kum.
5. Kayf al-ḫâl?
6. Bi-khayr. Kayf al-ḫâl?

Viele arabische Floskeln verlangen eine passende Erwiderung. Ordnen Sie den Begriffen 1., 2., und 3. die passende Antwort a oder b oder c zu.

2. Was passt zusammen?

1. 'ahlan wa sahlan	a	☐	wa *alay-kum as-salâm
2. kayf al-hâl	b	☐	'ahlan bi-kum
3. as-salâm *alay-kum	c	☐	bi-khayr

Nummerieren Sie die Sätze so durch, dass ein sinnvoller Begrüßungsdialog entsteht. Als Hilfestellung haben wir den ersten Satz gekennzeichnet.

3. Die richtige Reihenfolge

_____ Monika: Bi-khayr.
_____ Ilhâm: Wa *alay-kum as-salâm.
_____ Ilhâm: Al-ḫamdu li-llâh. Kayf al-ḫâl?
1. ___ Monika: As-salâm *alay-kum yâ Ilhâm.
_____ Monika: Kayf al-ḫâl?

Wie würden Sie diese netten Leute auf Arabisch fragen, wie es ihnen geht?

4. Wie geht's?

Kayf al-ḫâl *yâ Tina?*

1. yâ Tina?
2. yâ Sâlim?
3. yâ Uwe?
4. yâ Taufîq?
5. yâ Yâsmîn?

Irgendwie geht es immer allen gut. Um auf die Frage nach dem Wohlbefinden zu antworten, gibt es im Arabischen viele Varianten. Welche der acht Vorgaben passen?
Kwayyis heißt meistens gut, *bi-khayr* aber nur auf die Frage, wie es einem geht.

5. Es geht gut

1. kwayyis
2. bi-khayr
3. kwayyis, bi-khayr
4. shukran, kwayyis
5. shukran, bi-khayr
6. al-ḫamdu li-llâh
7. kwayyis, al-ḫamdu li-llâh
8. bi-khayr, al-hamdu li-llâh

masâ' al-khayr

1/4

masâ' al-khayr	Guten Abend (Abend des Guten)
masâ' an-nûr	Guten Abend (Abend des Lichtes, als Erwiderung)
ma l-'ism?	Wie heißt du/heißen Sie (was ist der Name)?
'ism-î	mein Name
'anti	du (zur Frau)
'anâ	ich
al-'umm	die Mutter
na*am	ja
hal	(Fragepartikel)
'ant	du (zum Mann)
ta*bân	müde
layla sa*îda	Gute Nacht (glückliche Nacht)

● Masâ' al-khayr.	Guten Abend.
■ Masâ' an-nûr.	Guten Abend.
● Kayf al-h̲âl?	Wie geht's?
■ Bi-khayr. Kayf al-h̲âl 'anti?	Gut. Wie geht's dir?
● Al-h̲amdu li-llâh. Ma l-'ism?	Gottlob. Wie heißt du?
■ 'ism-î Oliver.	Mein Name ist Oliver.
● 'anâ Fât̲ima, 'umm Khalîl. Hal 'ant ta*bân?	Ich bin Fâtima, die Mutter von Khalîl. Bist du müde?
■ Na*am, 'anâ ta*bân.	Ja, ich bin müde.
● Layla sa*îda, yâ Oliver.	Gute Nacht, Oliver.
■ Layla sa*îda, yâ 'umm Khalîl.	Gute Nacht, Mutter des Khalîl.

al-h̲amdu li-llâh
wörtlich: Das Lob für Gott, drückt Wohlbefinden aus, z. B.:
- Erwiderung auf die Frage nach dem Befinden,
- Ausdruck der Erleichterung,
- um nach dem Essen kundzugeben, dass man dankend fertig ist.

Zweimal „du"
'ant = zum Mann, Jungen
'anti = zur Frau, zum Mädchen

Männlich (m) oder weiblich (w)?
Die arabische Sprache kennt nur männlich und weiblich (kein sächliches „es"). Grundregel für Haupt- und Eigenschaftswörter: Endung auf Konsonant: (fast immer) männlich, Endung *-a:* weiblich.
Wichtig: Das Adjektiv hat das gleiche Geschlecht wie das Hauptwort (Bezugswort): Klaus *ta*bân:*
Klaus ist müde.
Miriam *ta*bâna:*
Miriam ist müde.
*'anâ ta*bân:*
Ich (m) bin müde.
*'anâ ta*bâna:*
Ich (w) bin müde.
Ausnahme: Endung auf *-an:* meist unveränderbar.

hal
Hal leitet Fragen ein, auf die man mit Ja oder Nein antworten kann. Die Satzstellung ist die gleiche wie in einem Aussagesatz: *Hal 'ant ta*bân?:*
Bist du müde?
*'ant ta*bân:* Du bist müde.

1 B

Übungen

„Guten Abend, Dieter" – „Guten Abend, Salâm" – ganz so einfach ist es auf Arabisch nicht. Wie würden sich diese Menschen auf Arabisch gegenseitig einen guten Abend wünschen?

1. Guten Abend

Masâ 'al-khayr, *yâ Dieter.*	***Masâ 'an-nûr,*** *yâ Salâm.*
1. yâ Dieter.	yâ Salâm.
2. yâ Fairûz.	yâ Gertrud.
3. yâ Rudolf.	yâ Hudâ.
4. yâ Laylâ.	yâ Ingo.

Ordnen Sie die richtige Übersetzung zu. Wissen Sie noch, wie der bestimmte Artikel gebraucht wird?

2. Welche Übersetzung passt?

1. as-salâm	a ☐ das Licht
2. al-'umm	b ☐ der Name
3. al-'ism	c ☐ die Mutter
4. al-hâl	d ☐ der Friede
5. al-masâ'	e ☐ die Nacht
6. an-nûr	f ☐ die Lage
7. al-layla	g ☐ der Abend

Stellen Sie sich vor, Sie unterhalten sich mit Mahmûd aus Tunesien. In diesem imaginären Gespräch gibt es schon richtig viel zu sagen ...

3. Gespräch mit Mah̲mûd

1. Wünschen Sie Mah̲mûd einen guten Abend.
2. Wie würde Mah̲mûd passend diesen Gruß erwidern?
3. Fragen Sie Mah̲mûd, ob er müde ist.
4. Wie würde Mah̲mûd sagen, dass er müde ist?
5. Wünschen Sie Mah̲mûd eine gute Nacht.
6. Wie würde Mah̲mûd Ihnen eine gute Nacht wünschen?

Fühlen Sie sich doch mal wie ein Zahnarzt und füllen Sie die Lücken dieses Textes mit den vorgegebenen Lösungen.

4. Was fehlt?

Layla/salâm/Hal/h̲âl/al-/an-/wa

1. 'ahlan ________________ sahlan.
2. Kayf al-________________ ?
3. Masâ' ________________ khayr.
4. ________________ sa*îda.
5. ________________ 'ant ta*bân?
6. Masâ' ________________ nûr.
7. As-________________ *alay-kum.

„Was ist der Name?" – „Mein Name ist Götz." Das ist doch eine babyleichte Übung ...

5. Wie heißt du?

1/5

Ma l-'ism?	***'ism-î*** *Götz.*
1. Götz	3. Djamîla
2. Sulaymân	4. Mah̲mûd

Der Islam

1

In der gesamten arabischen Welt nimmt die Religion einen weitaus wichtigeren Platz in der Gesellschaft ein als bei uns. Mehr als 90% aller Araber bekennen sich zum Islam.
Das arabische Wort *'islâm* kann als „Hingabe, Ergebung und Unterwerfung unter den Willen Gottes" übersetzt werden. Muslim bezeichnet jemanden, der den Islam ausübt, sich also Gott hingibt.
Die wichtigsten muslimischen Glaubensgrundsätze sind im Koran (*qur'ân:* Lesung, Verkündigung) niedergeschrieben. Das heilige Buch ist in 114 Kapitel unterteilt. Der Koran ist für Muslime das unverfälschte und unveränderliche Wort Gottes. Er basiert teilweise auf dem Alten Testament, weshalb sich im Islam viele Grundideen von Christen- und Judentum finden.
Im Koran ist neben Glaubensaussagen, Erziehungsgrundsätzen, gesellschaftlicher Aufgabenteilung von Mann und Frau und Regelungen zum ethnischen Zusammenleben der Glaubensgemeinschaft auch das Staatsrecht samt gesetzlichen Bestimmungen festgeschrieben. Der Prophet Muhammad empfing die Inhalte als Verkündungen Gottes in einem Zeitraum von 23 Jahren und verbreitete sie weiter.
Die wichtigsten Elemente des muslimischen Glaubens und Handelns bilden die sogenannten fünf Säulen des Islam: Am Anfang steht das Glaubensbekenntnis, das sinngemäß lautet: „Es gibt keinen Gott außer Gott und Muhammad ist sein Gesandter." Die zweite Säule bildet das Gebet und das Fasten im heiligen Monat Ramadan ist der dritte bedeutende Pfeiler. Die Almosensteuer sowie die Pilgerfahrt zu den heiligen Stätten in und um Mekka sind die beiden letzten Fundamente des Islam.

muslim
Die Bezeichnung „Mohammedaner" lehnen Muslime ab, weil diese die Stellung des Propheten überbetont.

'allâh
von *al-'ilâh*, „der einzige Gott", denn der Islam ist eine monotheistische Religion, in der es nur einen Gott gibt.

Der Koran
wurde in die meisten Weltsprachen übersetzt, allerdings kommen diese Übersetzungen in ihrem Rang keinem heiligen Buch gleich.

2

Guten Morgen

Woher kommst du?
In arabischen Ländern ist die räumliche Herkunft wichtig. Fragt man bei uns eher „Was machen Sie beruflich?", um die gesellschaftliche Stellung eines Fremden zu erkunden, so ziehen Araber Rückschlüsse aus der Herkunft. Bei Ausländer ist deren Heimatland und bei Landsleuten sind deren Stadt und der Stadtteil entscheidend.

Blumige Grüße
Sie möchten einen netten Menschen mit besonders lieben Grüßen erfreuen? Dann wünschen Sie ihm doch einen „Morgen des Jasmin": *s̲abâh̲ al-yâsmîn* oder einen „Abend der Rose": *masâ' al-ward.*

Olivers erste Nacht in Damaskus war kurz. Schon vor Sonnenaufgang weckte ihn der *Muezzin*, der elektronisch verstärkt über Lautsprecher alle gläubigen Muslime zum Morgengebet in die Moschee ruft.

Khalîl dagegen hat diesen Appell überhört und wird von den ersten kräftigen Sonnenstrahlen wach. *S̲abâh̲ al-khayr* (= Morgen des Guten) lautet sein Morgengruß und mit *S̲abâh̲ an-nûr* (= Morgen des Lichtes) hat Oliver die passende Erwiderung parat.

Oliver blickt durch das Fenster hinab auf die Gasse, durch die kleine Kinder mit schlabberigen Taschen zur Schule flitzen. Ein Händler sortiert die Auslage seines Bauchladens und ein Schuhputzer versucht lautstark, Kunden anzuwerben. Aus dem Nachbarhaus weckt der Geruch von frisch gebackenem Brot Olivers Appetit.

Im Haus von Khalîls Familie wird es immer unruhiger. Dumpfes Rufen dringt durch alle Wände, die Kinder haben verschlafen und sollen nicht zu spät zur Schule kommen. Khalîls Vater beschließt, sie mit dem Auto zu fahren, auch wenn er dadurch selber zu spät zu seiner Arbeit kommt.

Inzwischen herrscht fast schon Ruhe, die nur durch das Klappern von Gläsern und Töpfen unterbrochen wird. Um so eindringlicher klingt dann jedoch die Stimme von Khalîls Mutter, als sie ihre beiden Gäste aus Deutschland zum Frühstück ruft.

Sabâh al-khayr

2 A

1/6

sabâh al-khayr	Guten Morgen (Morgen des Guten)
sabâh an-nûr	Guten Morgen (Morgen des Lichtes, als Erwiderung)
tafaddal	bitte schön (habe die Güte)
'ishrab!	Trink!
ash-shây	der Tee
fî	es gibt/in
as-sukkar	der Zucker
shukran djazîlan	vielen Dank
min 'ayn?	Von wo?
'almâniyâ	Deutschland

● Sabâh al-khayr, yâ Oliver, sabâh al-khayr, yâ Khalîl.	Guten Morgen, Oliver, guten Morgen, Khalîl.
■ Sabâh an-nûr, yâ 'umm Khalîl. Kayf al-hâl?	Guten Morgen, Mutter des Khalîl. Wie geht's?
● Al-hamdu li-llâh. Oliver, tafaddal, 'ishrab shây.	Gut. Oliver, bitte schön, trink Tee.
■ Shukran. Fî sukkar?	Danke. Gibt es Zucker?
● Na*am fî, tafaddal.	Ja, gibt es, bitte schön.
■ Shukran djazîlan.	Vielen Dank.
● Min 'ayn 'ant?	Woher kommst du?
■ 'anâ min 'almâniyâ.	Ich bin aus Deutschland.

Gibt es?
Mittels des kurzen Wörtchens *fî* fragt man auf die wohl einfachste Weise, ob jemand etwas hat oder ob etwas da ist.
Fî shây?: Gibt es Tee?
Fî sukkar?: Gibt es Zucker?
Als Antwort hören Sie:
*Na*am fî* – Ja ,es gibt.
oder:
Mâ fî (auch: *mâ fîsh/mâ kash)* – Es gibt nicht.

Land und Leute
'almâniyâ: Deutschland
'almânî/'almâniyya: Deutscher/Deutsche
an-nimsâ: Österreich
nimsâwî/nimsâwiyya: Österreicher/-in)
swîsrâ: Schweiz
swîsrî/swîsriyya: Schweizer/-in)

tafaddal
= bitte schön (anbietend, gewährend)

2 A

Übungen

Üben Sie die Begrüßung (Gruß und Erwiderung) am Morgen.

1. Guten Morgen

Sabâh al-khayr, *yâ Munîra.* – ***Sabâh an-nûr,*** *yâ Sabine.*

1. yâ Munîra. — yâ Sabine.
2. yâ Jochen. — yâ Latîf.
3. yâ Walîd. — yâ Dirk.
4. yâ Margarete. — yâ Salâm.

Hoffentlich kennen Sie die jeweils richtige Übersetzung?

2. Welche Übersetzung passt?

1. 'anâ min 'almâniyâ.
   - a ☐ Ich bin aus Deutschland.
   - b ☐ Ich will nach Deutschland.
2. Shukran djazîlan.
   - a ☐ Zucker bitte.
   - b ☐ Vielen Dank.
3. Fî sukkar.
   - a ☐ Viel Zucker.
   - b ☐ Es gibt Zucker.
4. Sabâh al-khayr.
   - a ☐ Morgen des Guten.
   - b ☐ Morgen der Blume.

Fâtima und Oliver unterhalten sich. Leider sind einige Worte in die obere Zeile abgewandert. Setzen Sie sie wieder an die richtige Stelle.

3. Was fehlt?

Kayf / Al- / Shukran / Fî / Sabâh / tafaddal / an-nûr / 'ishrab

1. ______________ al-khayr yâ Oliver.
2. Sabâh ______________ yâ 'umm Khalîl. ______________ al-hâl?
3. ______________ hamdu li-llâh. Tafaddal ______________ shây.
4. Shukran. ______________ sukkar?
5. Na*am, ______________ .
6. ______________ djazîlan.

Beachten Sie bei 3. u. 5., dass Sie einen Mann fragen und denken Sie bei 5. an den Unterschied bei Entscheidungsfragen (3 Buchstaben).

4. Wie lautet die Frage?

1. Wie geht's?
2. Was ist der Name?
3. Woher kommst du?
4. Gibt es Tee?
5. Bist du müde?

Seien Sie gewappnet für die Frage nach dem Heimatland.

5. Woher kommst du?

1/7

'anâ min ***'almâniyâ.***

1. 'almâniyâ
2. an-nimsâ
3. swîsrâ
4. sûriyâ
5. qatar

Hal 'ant mutazawwidj?

1/8

mutazawwidj	verheiratet
hiya	sie
'almâniyya	Deutsche
*ind-ak	bei dir/du hast
al-'aulâd	die Kinder
*ind-î	bei mir/ich habe
al-bint	die Tochter/das Mädchen/ die unverheiratete Frau
as̲-s̲ûra	das Foto/das Bild
djamîla	hübsch, schön
'ism-hâ	ihr Name

● Yâ Oliver, hal 'ant mutazawwidj?	Oliver, bist du verheiratet?
■ Na*am, 'anâ mutazawwidj.	Ja, ich bin verheiratet.
● Hal hiya min 'almâniyâ?	Ist sie aus Deutschland?
■ Na*am, hiya 'almâniyya.	Ja, sie ist Deutsche.
● Hal *ind-ak 'aulâd?	Hast du Kinder?
■ Na*am *ind-î bint. *ind-î s̲ûra.	Ja, ich habe eine Tochter. Ich habe ein Foto.
● Hiya djamîla.	Sie ist hübsch.
■ Na*am, hiya djamîla. 'ism-hâ Ellen.	Ja, sie ist hübsch. Ihr Name ist Ellen.
● Ellen, kwayyis ...	Ellen, gut ...

Sätze ohne Verben (Nominalsätze)
Die Gegenwartsformen des deutschen Hilfswortes „sein" (bin, bist, ist, sind, seid) werden im Arabischen gewöhnlich weggelassen. Bei einem entsprechenden Satz wird das bestimmte Hauptwort mit einem Eigenschaftswort kombiniert:
Al-bint djamîla: Die Tochter ist hübsch.
Ellen djamîla: Ellen ist hübsch.

Adjektiv nach Substantiv
Oliver mutazawwidj: Oliver ist verheiratet.
Bettina mutazawwidja: Bettina ist verheiratet.

Hast du?
Im Arabischen gibt es kein Tätigkeitswort für „haben", deshalb werden Besitztümer durch eine Form des Verhältniswortes **ind,* „bei", bezeichnet. **ind-ak 'aulâd?* heißt wörtlich: „Sind bei dir Kinder?"

Übungen

Aladîn ist schön und müde und verheiratet ...
Ob Sinn oder Unsinn: Substantiv und Adjektiv müssen das gleiche grammatikalische Geschlecht haben:
djamîl/-a
*ta*bân/-a*
mutazawwidj/-a

1. Die richtige Form

Aladîn ***djamîl*** *wa* ***ta*bân*** *wa* ***mutazawwidj.***

1. Aladîn
2. Bärbel
3. Yâsmîn
4. Ralf
5. Tina
6. Mah̲mûd

Welche Antwort passt?

2. Aus der Heimat

1. Heike kommt aus Genf. Ihr Heimatland ist: a ☐ swîsrâ b ☐ an-nimsâ
2. Khalîl ist in Damaskus geboren. Er stammt aus: a ☐ lîbiyâ b ☐ sûriyâ
3. Monikas Heimatstadt ist Berlin und liegt in: a ☐ 'almâniyâ b ☐ an-nimsâ
4. Herr Moser ist in Wien geboren, er ist also: a ☐ swîsrî b ☐ nimsâwî

Mah̲mûd ist wieder da: Bilden Sie Fragen mit der entsprechenden Form von *fî* oder **ind-ak.*

3. Fragen Sie Mah̲mûd

1. Mah̲mûd, gibt es Tee?
2. Mah̲mûd, gibt es Zucker?
3. Mah̲mûd, hast du Kinder?
4. Mah̲mûd, hast du eine Tochter?

Ein Sandsturm hat die Wörter durcheinander geweht. Können Sie Ordnung in das Chaos bringen und acht kurze Sätze bilden?

4. Bilden Sie Sätze

1. khayr/s̲abâh̲/al-
2. an-/s̲abâh̲/nûr
3. h̲âl/al-/kayf
4. djazîlan/shukran
5. 'ant/hal/mutazawwidj
6. bint/*ind-î/na*am
7. bint/djamîla/al-
8. tafad̲d̲al/shây/'ishrab

Erinnern Sie sich: Entscheidungsfragen sind solche, die man mit „Ja“ oder „Nein“ beantworten kann. Und alle beginnen im Arabischen mit ...

5. Wie lautet die Frage?

1/9

Hal *Muh̲ammad mutazawwidj?*

1. Muh̲ammad mutazawwidj.
2. Salmân djamîl.
3. Katrin 'almâniyya.
4. Hiya ta*bâna.
5. Josef Maier min 'almâniyâ.

Die Kunst der schönen Worte

Arabisch ist eine überaus blumige und bildreiche Sprache. Poesie und Dichtkunst haben eine lange Tradition. In vergangenen Zeiten unterhielten sich Würdenträger, Stammesführer oder Dorfverwalter in dichterischer Form über so wichtige Angelegenheiten wie Stammesgrenzen, Karawanenwege, Friedensvereinbarungen oder Verwandschaftsverhältnisse.

Einen hohen Stellenwert nimmt die Beduinenlyrik ein. Die in der Grandiosität der Wüste entstandenen Verse, die meist abends am Lagerfeuer rezitiert werden, zeichnen sich durch eine enge Naturbezogenheit und viel Gefühl aus. Die beduinische Liebespoesie, sowohl von Männern als auch von Frauen gepflegt, quillt über vor schwärmerischer Leidenschaft. Ebenso kommen der Wüste, dem Ort des Absoluten mit seiner unermesslichen Weite, unzählige Liebeserklärungen zuteil. Auch Aberglauben, Mystik, Legenden und phantastische Geschichten über die Einflüsse böser Blicke, guter Engel oder mysteriöser Geister fassen Beduinen seit Generationen in ausdrucksstarke Poeme.

Heute verbinden sich Elemente der beduinischen Dichtkunst mit der allmächtigen Populärkultur und nehmen Stellung zu Themen wie der Stammesidentität, dem gesellschaftlichen Wertewandel und dem multimedialen Computerzeitalter. Doch auch althergebrachte Inhalte werden gerne rezitiert.

Dass schöne Worte in der arabischen Gesellschaft ein so hohes Ansehen haben, liegt auch daran, dass der Koran ein poetisches Meisterwerk ist. Sein hoher literarischer Rang gilt als Beweis für seine göttliche Herkunft.

Kalligraphie
Die Kalligraphie, die Kunst des Schönschreibens, schafft eine formvollendete Verbindung von Wort und Bild. Durch sie wachsen aus Buchstaben nicht nur elegante und verschlungene Formen, denn der eigentliche Kernpunkt ist der Inhalt des Textes, der meist religiöser oder philosophischer Natur ist. Die kunstvollen Schriftzeichen formen nicht nur phantasievolle Muster, sondern auch Tiere oder traditionelle Gegenstände. Das Innere der Moscheen, insbesondere die nach Mekka gerichtete Gebetsnische *(al-miḫrâb)*, ist oft mit ausladenden Kalligraphien geschmückt.

3

Die Würze des Alltags

Tee
gelangte zu Beginn des 18. Jahrhunderts in den arabischen Raum, als die Engländer ihn zusammen mit Teekanne und Zuckerhut in Marokko einführten. Lange Zeit fand sich das Getränk nur in Herrscherpalästen oder in den Häusern der städtischen Oberschicht, doch bereits hundert Jahre später war es ein Volksgetränk.

Khalîl und Oliver unterhalten sich im Wohnzimmer. Neben der Tür thront der Stolz der Familie: der nagelneue Farbfernseher, der zu Olivers Ehren auch gleich eingeschaltet wird.
Khalîls Mutter Fâtima schenkt eine zweite Runde dampfend heißen Tee ein: *tafaddal* (= Bitte schön!). Tee ist die Würze des Alltags, daher wird er in arabischen Ländern zu jeder Tageszeit und bei jeder Gelegenheit getrunken. Oft ist es schwarzer Beuteltee mit oder ohne Milch oder grüner Tee aus losen, getrockneten Blättern. Das Nationalgetränk Marokkos ist Pfefferminztee aus frischen Blättern, die in grünem Tee einige Minuten ziehen müssen. Original orientalisch schmeckt schwarzer Tee, der mit einigen getrockneten Nelken, Ingwer, Zimt, Thymian oder Kardamomkapseln aufgekocht wird. Doch welcher Tee auch immer: wichtig ist, dass er süß, sehr süß ist. Tee ohne Zucker, das ist für Araber wie eine Blume ohne Duft.
Khalîls Mutter freut sich sehr über den Besuch aus Deutschland. Sie ist gespannt zu hören, wie es so ist in diesem fernen Land. So dreht sich an diesem Morgen auch zunächst alles um Oliver. Besonders interessiert ist Fâṯima an seiner Familie: *Mâ *umr Ellen? Mâ 'ism zaudjat-ak?* (= Was ist Ellens Alter? Was ist der Name deiner Ehefrau?), alles möchte sie wissen.
Oliver ist froh, ihr Fotos von seiner Frau, seiner Tochter und seinen Eltern zeigen zu können. Die Frage *Yâ Oliver, hal *ind-ak 'ibn?* (= Oliver, hast du einen Sohn?) stellt Khalîls Mutter fast schon andächtig. Für traditionell denkende Araber sind Söhne der Segen der Familie und so wünscht Fâṯima dem noch sohnlosen Oliver Gottes Hilfe für dieses baldige Glück.

Hal *ind-ak 'ibn?

1/10

al-*umr	das Alter
'arba*	vier
as-sanawât	die Jahre
*umr-ak	dein Alter
ash-shâbb	der Jüngling
al-'ibn	der Sohn
mâ *ind-î	ich habe nicht/nicht bei mir
zaudjat-ak	deine Ehefrau
'in shâ'a llâh	hoffentlich/so Gott will
qarîb	bald/nahe

● Yâ Oliver, mâ *umr Ellen?	Oliver, wie alt ist Ellen?
■ *umr-hâ 'arba* sanawât.	Sie ist vier Jahre alt.
● Mâ *umr-ak?	Wie alt bist du?
■ Hm, 'anâ shâbb!	Hm, ich bin ein Jüngling!
● Hal *ind-ak 'ibn?	Hast du einen Sohn?
■ Mâ *ind-î 'ibn.	Ich habe keinen Sohn.
● Mâ 'ism zaudjat-ak?	Wie heißt deine Frau?
■ 'ism-hâ Bettina.	Ihr Name ist Bettina.
● 'in shâ'a llâh *ind-ak 'ibn qarîb.	So Gott will, hast du bald einen Sohn.
■ 'in shâ'a llâh ...	Hoffentlich ...

in shâ'a llâh
Für Zukünftiges ein sehr beliebtes Wort (so Gott will, hoffentlich), es drückt eine urarabische Lebenseinstellung aus.

Zweimal *mâ*
1. „Was“: *Mâ *umr-ak?:* Was ist dein Alter?
2. „Nicht“, „kein“: *Mâ *ind-î 'ibn:* Ich habe keinen Sohn.

Mâ steht vor dem Tätigkeitswort und verneint:
– Sätze ohne Verb,
– Verbindungen mit **ind* (= bei)
– Verben in der Vergangenheit.

Mit *mâ* wird in der Umgangssprache alles verneint. Vor einem bestimmten Artikel verkürzt sich *mâ* zu *ma.*

„Wie alt bist du?“
zum Mann: *mâ *umr-ak*
zur Frau: *mâ *umr-ik.*
Die Antwort ist z. B.: **umr-î khamsîn* (= fünfzig) *sanawât.* – Ich bin fünfzig Jahre alt.

qarîb
drückt zeitliche und räumliche Nähe aus.
Bedeutet auch „etwas“, „ein wenig“.

Übungen

Pfeifen Sie auf alle Höflichkeit und fragen Sie diese Damen und Herren nach ihrem Alter. Achten Sie auf die richtigen Endungen: *-ak* bei Männern, *-ik* bei Frauen.

1. Wie alt bist du?

1/11

Mâ *umr-ak, *yâ Detlef?*

1. Detlef
2. Hanâ
3. Yûsuf
4. Laylâ
5. Nâzim
6. Tamara

Überlegen Sie, welche Erwiderung sinnvoll bzw. logisch ist.

2. Welche Erwiderung passt?

1. Hal *ind-ak 'ibn?
   - a ☐ Shukran djazîlan.
   - b ☐ Mâ *ind-î 'ibn.
2. Hal *ind-ak 'aulâd?
   - a ☐ Na*am *ind-î 'ibn.
   - b ☐ Tafaddal.
3. Mâ 'ism zaudjat-ak?
   - a ☐ 'ism-hâ Claudia.
   - b ☐ 'in shâ'a llâh.
4. Mâ *umr Miriam?
   - a ☐ Hiya djamîla.
   - b ☐ Hiya 'arba* sanawât.

Oliver im Kreuzverhör ...

3. Fragen Sie auf Arabisch

1. Oliver, bist du Deutscher?
2. Oliver, bist du verheiratet?
3. Oliver, hast du eine Tochter?
4. Oliver, was ist der Name deiner Frau?

Füllen Sie die Lücken mit einem der Wörter aus der Liste aus und schon wird ein Dialog daraus.

4. Was fehlt?

bint / bint / *ind-ak / *ind-ak / *ind-î / 'ism-hâ / 'anâ / 'ant / hal

1. Yâ Stefan, hal ________________ mutazawwidj?
2. Na*am yâ Yahîa, ________________ mutazawwidj.
3. Hal ________________ 'aulâd?
4. Na*am ________________ 'ibn.
5. ________________ *ind-ak bint?
6. Mâ *ind-î ________________
7. 'in shâ'a llâh ________________ bint qarîb!
8. Hal *ind-ak ________________ yâ Yahîa?
9. *ind-î bint, ________________ Nûr.

mâ *amal-ak?

3 B

1/12

*amal-ak	deine Arbeit
at-tâlib	der Student
al-lugha al-*arabiyya	die arabische Sprache
djau*ân	hungrig
al-khubz	das Brot
wa	und
al-djubna	der Käse
al-bayd	die Eier
kul!	iss!
*afwan	bitte/keineUrsache/ Entschuldigung/wie bitte

● Yâ Oliver, mâ *amal-ak?	Oliver, was ist deine Arbeit?
■ 'anâ tâlib al-lugha al-*arabiyya.	Ich bin Arabisch-Student.
● Hal 'ant djau*ân?	Bist du hungrig?
■ Na*am, 'anâ djau*ân.	Ja, ich bin hungrig.
● Tafaddal, khubz wa djubna wa bayd.	Bitte sehr, Brot, Käse und Eier.
■ Kwayyis.	Gut.
● Tafaddal, kul.	Bitte, iss!
■ Shukran djazîlan.	Vielen Dank.
● *afwan.	Bitte, keine Ursache.

afwan
hat viele Bedeutungen:
- „Bitte, keine Ursache" – Erwiderung auf *shukran.*
- „Entschuldigung", z. B. wenn man jemanden versehentlich anrempelt oder auf den Fuß tritt.
- „Wie bitte?", z. B. wenn man jemanden nicht richtig verstanden hat.

Übungen

Wie würden Sie diese Herren auf Arabisch fragen, was sie arbeiten?

1. Was ist deine Arbeit?

1/13

Mâ *amal-ak *yâ Ronald?*

1. Ronald
2. Su*âd
3. Günter
4. Ibrâhîm
5. Karl-Heinz
6. Ṯâhâ

Welche Antwort ist wohl die sinnvolle?

2. Welche Erwiderung passt?

1. Mâ *amal-ak?
   - a ☐ 'anâ djau*ân.
   - b ☐ 'anâ ṯâlib.
2. Hal 'ant ṯâlib al-lugha al-*arabiyya?
   - a ☐ Layla sa*îda.
   - b ☐ Na*am.
3. Shukran.
   - a ☐ *afwan.
   - b ☐ mâ *ind-î.
4. Tafaḏḏal kul.
   - a ☐ Shukran.
   - b ☐ Yâ 'umm Khalîl.

Kennen Sie die passenden Übersetzungen?

3. Welche Übersetzung passt?

1. lugha *arabiyya	a ☐ Eier
2. ṯâlib	b ☐ Brot
3. ta*bân	c ☐ Morgen
4. djau*ân	d ☐ müde
5. s̱abâẖ	e ☐ arabische Sprachen
6. masâ'	f ☐ hungrig
7. khubz	g ☐ Student
8. bayḏ	h ☐ Käse
9. djubna	i ☐ Abend

Wie bitte, Sie verstehen nur „Brot", „Eier", „Zucker" und „Käse"? Dann wird es aber allerhöchste Zeit, für jede Lücke die richtige Form zu finden. Erst bejaht, gleich dahinter verneint.

4. Ich habe ... – ich habe kein ...

ind-î *khubz.* – ***Mâ *ind-î*** *khubz.*

1. khubz.
2. bayḏ.
3. sukkar.
4. djubna.

Wer bin ich?

3

Die für westliche Ohren oftmals verwirrende arabische Namensfolge fügt sich aus mehreren Komponenten zusammen. Sie geben zunächst Aufschluss über den eigenen Namen sowie den des Vaters und eventuell auch des Großvaters und Urgroßvaters. Verbunden werden diese Elemente bei Söhnen durch *'ibn* (= Sohn des...), bei Töchtern durch *bint* (= Tochter des...). *'ibn Aladîn* ist also der Sohn von Aladîn.
Weitere Namensbestandteile sind Angaben über die gesellschaftliche oder geografische Herkunft (etwa eine Stadt, eine Familie, ein Herrschergeschlecht, einen Stamm) oder den Beruf. Arabische Namen können auch Hinweise auf den gesellschaftlichen Rang offenbaren: *shaykh* (= Ältester, Verehrungswürdiger). Mit diesem Würden-Titel bezeichnet man Stammesälteste, Vorstände von Familienverbänden, Adelige sowie deren Söhne. *Shaykh* ist auch ein Rang für weise Religionsgelehrte.
Araberinnen behalten nach der Heirat ihren Namen. Sie bleiben, wie oben beschrieben, „die Tochter ihres Vater" und sollten im formellen Rahmen auch so angesprochen werden. Ein ehrenvoller Frauentitel ist *'umm* (= Mutter des...), gefolgt vom Vornamen des ältesten Sohnes (*'umm Bilâl* = Mutter von Bilâl). Für Männer gibt es die entsprechende Bezeichnung: *'ab* (= Vater des...).
Araber, die ihre Pilgerfahrt zu den heiligen Stätten von Mekka unternommen haben, bezeichnet man ehrwürdig als *h̲adjdj/-a.*
Respektieren Sie bei der Anrede eines Arabers seine Namen und Titel. Kennen Sie diese nicht, so helfen die neutralen Worte: *yâ sayyid* (Herr) bzw. *yâ sayyida* (Dame). Spricht man einen titellosen Araber oder einen Freund an, so benutzt man nur seinen Vornamen mit dem Anredepartikel *yâ (Yâ Khalîl).*

Ahnenfolge
Aus dem Namen *Shaykh Mah̲mûd bin Khalid bin S̲alâh̲ bin *Alî Ash-Sham Al-H̲arithi* kann man also ablesen, dass es sich um das Stammesoberhaupt *Mah̲mûd, Sohn des Khalid, Enkel des Salâh̲, Urenkel des *Alî aus der Familie Ash-Sham vom Stamm der Harithi* handelt. Man kann auch nur *Shaykh Mah̲mûd* zu ihm sagen.

Soll es formell sein?
Die Namenselemente bieten Möglichkeiten, Ihr Gegenüber förmlich anzusprechen und ihm hohen Respekt entgegenzubringen.
Ansonsten spricht man einen Mann mit *'ant,* eine Frau mit *'anti* an. Obwohl dies eher mit „du" übersetzt wird, ist es auch gegenüber Fremden völlig o.k. Einem höflichen „Sie" entspricht das Personalpronomen 1. Person Mehrzahl, w. *'antum:* ihr.

4

Im Kreis der Familie

Unter Freunden
Yâ 'akh-î: mein Bruder
Yâ 'ukht-î: meine Schwester
So können nicht nur Verwandte, sondern auch gute Freunde angeredet werden.

Wie geht's der Familie?
In den streng festgelegten Grußzeremonien kann man sowohl nach dem gegenseitigen Wohlbefinden als auch nach dem der Familie fragen (*Kayf al-*â'ila?:* Wie geht es der Familie?) – nie aber direkt nach dem der weiblichen Verwandten!

Familienbande
**â'ila:* Familie
djadda: Großmutter
'ukht: Schwester
'akh: Bruder
khâl: Onkel (mütterlicherseits)
'ibn: Sohn
bint: Tochter
'umm: Mutter
'ab: Vater

Der Besuch von Oliver und Khalîl aus Deutschland ist natürlich ein großes Ereignis. Nach und nach kommen Verwandte zum Plausch vorbei. Einer nach dem anderen klopft an die hölzerne Haustür und jeder heißt jeden mit herzlichen Begrüßungsfloskeln willkommen. Alle gesellen sich ins Wohnzimmer, es wird geredet und gelacht und der neue Fernseher nimmt mit plärrenden Cartoon-Stimmen an der Familienversammlung teil.
Vor dem Wohnraum stapeln sich durcheinander gewürfelte bunte Schuhpaare – der Teppich im Inneren soll sauber bleiben, denn auf ihm macht man es sich im Sitzen oder Liegen gemütlich. Für bequeme Naturen hat Fâtima dicke Sitzkissen bereitgelegt. Heißer Tee, hausgemachtes Gebäck, frisches Obst und getrocknete Datteln werden auf einer bunten Plastikdecke serviert.
Khalîl hat drei Brüder und zwei Schwestern. Alle sind schon verheiratet und haben ihren eigenen Haushalt. Entsprechend viele Kinder tollen umher. Die Älteste in der Runde ist Großmutter Salmâ, der wegen ihres hohen Ranges der komfortabelste Platz im großen Sessel eingeräumt wird.
*Yâ Oliver, hâdhihi *â'ilat-î* (= Oliver, dies ist meine Familie) beginnt Khalîl die Vorstellung: *Hâdhihi djaddat-î Salmâ* (= Dieses ist meine Großmutter Salmâ), *hâdhâ 'akh-î Salmân* (= dies ist mein Bruder Salmân) ... Es sind viele Namen, die Oliver zu hören bekommt und es dauert eine Weile, bis Khalîl endlich beim jüngsten Familienmitglied, der zwölf Wochen alten Amîra, angelangt ist.

*â'ilat-î

1/14

hâdhihi/hâdhâ	dieser, diese, dieses
*â'ilat-î	meine Familie
'akh-î	mein Bruder
huwa	er
ad-duktûr	der Arzt
'ukht-î	meine Schwester
al-mu*allima	die Lehrerin
djaddat-î	meine Großmutter
khâl-î	mein Onkel
al-fallâh	der Bauer

● Yâ Oliver, hâdhihi *â'ilat-î.	Oliver, dies ist meine Familie.
■ 'ism-î Oliver, 'anâ min 'almâniyâ.	Mein Name ist Oliver, ich bin aus Deutschland.
● Hâdhâ 'akh-î Salmân.	Dies ist mein Bruder Salmân.
■ Sabâh al-khayr, yâ Salmân.	Guten Morgen, Salmân.
● Huwa duktûr. Wa hâdhihi 'ukht-î, 'ism-hâ Zainab.	Er ist Arzt. Und dies ist meine Schwester, ihr Name ist Zainab.
■ Kayf al-hâl, yâ Zainab?	Wie geht's, Zainab?
● Hiya mu*allima.	Sie ist Lehrerin.
■ Kwayyis.	Gut.
● Hâdhihi djaddat-î Salmâ wa-hâdhâ khâl-î Tâhâ.	Dieses ist meine Großmutter Salmâ und dies ist mein Onkel Tâhâ.
■ As-salâm *alay-kum.	Friede sei mit euch.
● Khâl-î Tâhâ fallâh.	Mein Onkel Tâhâ ist Bauer.

Hinweisende Fürwörter
hâdhâ: dieser
Hauptwörter (m, Ez)
hâdhihi: diese
Hauptwörter (w, Ez) und Gegenstände, Tiere, Pflanzen (Mz)
hâ-'ulâ': diese
mehrere Personen

Besitzanzeigende Endungen (I)
besitzanzeigende Fürwörter gibt es im Arabischen nicht, stattdessen folgende Possessivendungen (ohne Artikel):
*al-*â'ila:* die Familie
**â'ilat-î:* meine Familie
**â'ilat-ak:* deine Familie (vom Mann)
**â'ilat-*ik.: deine Familie (von der Frau)
**â'ilat-hu:* seine Familie
**â'ilat-hâ:* ihre Familie
Achtung: Bei weiblichen Hauptwörtern (Endung *-a*) steht ein *-t* am Wortende.

Übungen

Stellen Sie Ihre Lieben vor. Ein *-î* an das Hauptwort angehängt entscheidet, ob „mein“ oder „nicht mein“.

1. Meine Verwandschaft

der Bruder: al-'akh	*mein Bruder: akh-î*
1. der Bruder: al-'akh	mein Bruder
2. die Schwester: al-'ukht	meine Schwester
3. die Großmutter: al-djadda	meine Großmutter
4. die Mutter: al-'umm	meine Mutter
5. der Sohn: al-'ibn	mein Sohn
6. die Tochter: al-bint	meine Tochter

Welche Form gehört in die Lücke? Wenn Sie wissen, ob männlich oder weiblich, ist diese Übung gar nicht mehr schwer.

2. Welche Form passt?

1. hâdhâ – hâdhihi?	a ☐ ______________ djubna
	b ☐ ______________ khubz
2. huwa – hiya?	a ☐ ___________ mu*allima
	b ☐ ______________ duktûr
3. 'ibn – bint?	a ☐ Ellen ___________ Oliver
	b ☐ Khalîl _________ Fâtima
4. djau*ân – djau*âna?	a ☐ Klaus _______________
	b ☐ Susi ________________

Wie lauten diese Personalpronomen? Bei einer Form stecken zwei Wörter dahinter.

3. Auf Arabisch bitte

1. ich
2. du
3. er
4. sie

Kennen Sie die richtigen Berufsbezeichnungen auf Arabisch?

4. Berufe

	männliche Form:	weibliche Form:
1. Arzt:	______________	______________
2. Lehrer:	______________	______________
3. Bauer:	______________	______________
4. Student:	______________	______________

Huwa oder *hiya* – das ist hier die Frage.

5. „Er“ oder „sie“?

1/15

***Huwa** duktûr.*

1. Salmân duktûr.
2. Zainab mu*allima.
3. Ṯâhâ fallâẖ.
4. Oliver ṯâlib.
5. Khalîl 'ibn Fâṯima.
6. Fâṯima 'umm Khalîl.

Ma*a s-salâma

1/16

fî	in (örtlich)
ghurfat an-naum	das Schlafzimmer
marhaban	hallo, willkommen
marhaban (b-ak)	hallo, willkommen (als Erwiderung)
nadhhab	wir gehen
'ilâ	zu, nach (räumlich)/minus
al-madîna	die Stadt
tamâm	o.k., abgemacht (vollendet)
yalla, hayyâ bi-nâ!	los, lass uns gehen, auf geht's!
ma*a s-salâma	auf Wiedersehen (mit der Wohlbehaltenheit)

● Yâ Khalîl, 'ayn 'ant?	Khalîl, wo bist du?
■ 'anâ fî ghurfat an-naum.	Ich bin im Schlafzimmer.
● Marhaban!	Hallo!
■ Marhaban b-ak yâ Oliver!	Hallo Oliver!
● Hal nadhhab 'ilâ l-madîna?	Gehen wir in die Stadt?
■ Tamâm, nadhhab 'ilâ l-madîna.	Abgemacht, gehen wir in die Stadt.
● Yalla, hayyâ bi-nâ!	Los, auf geht's!
■ Ma*a s-salâma, yâ 'umm-î.	Auf Wiedersehen, meine Mutter.

Los, auf geht's
= *yalla/ hayyâ bi-nâ* oder *yalla, hayyâ bi-nâ.* *Yalla* verstärkt Aufforderungen: *Yalla, kul!* - Los, iss! Mit energisch-abweisender Betonung: *Yalla!!!* – Los, verschwinde!!!

tamâm
im Sinne von „in Ordnung", „abgemacht", „o.k.". Als Antwort auf die Frage nach dem Wohlbefinden ginge es einem bei *tamâm* eher weniger gut.

ma*a s-salâma
wörtlich: „mit der Wohlbehaltenheit", ein oft gebrauchter Abschiedsgruß.

4 B

Übungen

Auf Wiedersehen, tschüss, bye, bye – na das ist auf Arabisch doch wunderbar einfach ...

1. Auf Wiedersehen

Ma*a s-salâma *yâ Zainab.*

1. Zainab
2. Salâhaddîn
3. Mahmûd
4. Fairûz
5. Willi
6. Genoveva

Na, wenn das mal stimmt...? Gemeinerweise könnten auch beide Antworten passen.

2. Welche Übersetzung passt?

1. Marhaban.
   a ☐ Bitte sehr.
   b ☐ Hallo, willkommen.
2. ghurfat an-naum
   a ☐ das Schlafzimmer
   b ☐ der Schönheitsschlaf
3. Yalla!
   a ☐ Hau ab!
   b ☐ Los geht's!
4. ma*a s-salâma
   a ☐ mit dem Wurstaufschnitt
   b ☐ mit der Wohlbehaltenheit

Dieser Dialog wurde kräftig durchgeschüttelt. Wie wäre er am sinnvollsten?

3. Die richtige Reihenfolge

Tamâm, nadhhab 'ilâ l-madîna.
Marhaban yâ Yvonne.
Yalla, hayyâ bi-nâ yâ Sa*îd!
Marhaban b-ak yâ Sa*îd.
Hal nadhhab 'ilâ l-madîna?

Versuchen Sie auf die kleinen, aber feinen Bedeutungsunterschiede zu achten.

4. Auf Deutsch bitte

1. Kayf al-hâl?/Bi-khayr, al-hamdu li-llâh.
2. Kayf al-hâl 'ant?/Bi-khayr.
3. Tafaddal, 'ishrab shây./Kwayyis.
4. Yalla, kul!/Tamâm, yâ 'umm-î.
5. Hal nadhhab 'ilâ d-duktûr?/Tamâm.

Aufbruchstimmung
... und einer trödelt natürlich wieder ...

5. Los, auf geht's!

1/17

Yalla, hayyâ bi-nâ *yâ Bettina!*

1. Bettina
2. Yûsuf
3. Toni
4. Fu'âd
5. Samîra
6. Nûraddîn

Gesellschaftliches

Die muslimische Gesellschaftsordnung basiert nicht nur auf dem *qur'ân* – dem heiligen Buch der Muslime mit den Offenbarungen Gottes –, sondern auch auf der *sunna*, den überlieferten Aussagen und Taten des Propheten Muhammad, und auf der *sharî*a*, der islamischen Gesellschafts- und Rechtslehre.
Kennzeichnend ist das Leben in der Großfamilie und eine Trennung der Lebensbereiche von Männern und Frauen. Dabei werden nach alter Tradition die familiären und häuslichen Angelegenheiten von den Frauen und die außerhäuslichen vom männlichen Familienvorstand geregelt. In den Händen der Männer liegt die Aufgabe, sich um das Wohlergehen der Familie sowie um die Angelegenheiten der Gemeinde und des Stammes zu kümmern. Sie besitzen dadurch zwar Privilegien, haben aber auch Verantwortung und müssen vielen Verpflichtungen nachkommen.
Arabische Frauen treten seltener in der Öffentlichkeit auf als Männer, wahren Distanz und bleiben lieber unter sich. Dennoch haben sie viel Einfluss und eine starke Position, die weit über die Rolle der Hausfrau und Mutter hinausgeht. Besonderer Respekt wird alten Frauen mit vielen Söhnen entgegengebracht. Ihre Ratschläge sind gefragt, ihren Worten wird Folge geleistet. Im Harem, der weiblichen Familiengesellschaft (*harîm:* abgeleitet von *harâm:* „verboten, unantastbar" und *harama:* „ausgeschlossen sein"), finden sie ihre zentrale Rolle.

Eine göttliche Offenbarung bedeutete, dass Frauen die Priorität des Mannes in Gesellschaft, Familie und Ehe anerkennen mussten. Im Koran, Sure 4, Vers 34 heißt es: „Die Männer stehen über den Frauen, wegen dessen, was Gott den einen vor den anderen gegeben hat und weil sie von ihrem Geld (für die Frauen) auslegen." Die männliche Überlegenheit ist gottgewollt – doch genießen Frauen so das Recht, ihr ganzes Leben versorgt zu sein.

Zur Zeit Muhammads um die Wende vom 6. zum 7. Jahrhundert brachte der Islam den Frauen viele Verbesserungen ihrer gesellschaftlichen Position.

T Test 1

Auch Hintergrundwissen ist wichtig beim Erlernen einer Fremdsprache. Wenn Sie bei den Einführungs- und Schlusstexten nicht zu schnell weitergeblättert haben, dürften Sie die nebenstehenden Fragen ohne Probleme beantworten. Auch Doppelantworten sind möglich.

1. Welche Antwort stimmt?

1. Araber begrüßen sich:
   a ☐ nur im engsten Familienkreis.
   b ☐ kurz und schmerzlos.
   c ☐ wortreich.
2. Für Araber ist der *qur'ân:*
   a ☐ das unverfälschte und unveränderliche Wort Gottes.
   b ☐ ein heiliges Buch.
   c ☐ eine Dialektsprache.
3. Ein *shaikh* ist:
   a ☐ ein Titel für alle Urgroßväter.
   b ☐ ein alter, verehrungswürdiger, weiser Mann.
   c ☐ ein Mekkapilger.
4. Das Nationalgetränk Marokkos ist:
   a ☐ Pfefferminztee.
   b ☐ Hibiskusblütentee.
   c ☐ schwarzer Tee mit Milch ohne Zucker.
5. *'ibn Aladîn* ist:
   a ☐ ein berühmter jordanischer Poet.
   b ☐ der Gefährte von Alî Baba.
   c ☐ der Sohn des Aladîn.
6. Frauen mit vielen Söhnen und Schwiegermüttern:
   a ☐ kommt eine hohe Ehre zuteil.
   b ☐ braucht man auf der Straße nicht zu grüßen.
   c ☐ erkennt man an ihrem roten Umhang.

Ein bunter Mischmasch mit Fragen und Antworten der letzten Lektionen. Finden Sie heraus, was Sinn macht.

2. Fragen und Antworten

1. Mâ *amal-ak?	a ☐ Bi-khayr. Al-ḫamdu li-llâh.
2. Hal *ind-ik 'aulâd?	b ☐ Na*am, Gertrude 'almâniyya.
3. Hal 'ant djau*ân?	c ☐ 'anâ fallâḫ.
4. Kayf al-ḫâl?	d ☐ Na*am, Sulaimân min as-sûdân.
5. Hal Gertrude 'almâniyya?	e ☐ *ind-î bint, 'ism-hâ Vera.
6. Hal Sulaimân min as-sûdân?	f ☐ Na*am, 'anâ djau*ân.

3. Was fehlt?

Erstens gut überlegen und zweitens jeweils eine fehlende Form aussuchen.

1. ________ nadhhab 'ilâ l-madîna?
   a ☐ Hal
   b ☐ 'ant
   c ☐ Al-
2. ________ s-salâma yâ 'umm-î.
   a ☐ Djubna
   b ☐ Ma*a
   c ☐ Layla
3. Salmân mu*allim. ________ mu*allim.
   a ☐ 'ant
   b ☐ Huwa
   c ☐ Hiya
4. Hal Corinna ________ 'almâniyâ?
   a ☐ min
   b ☐ wa
   c ☐ yâ
5. ________ 'ukht-î, 'ism-hâ Julia.
   a ☐ Hâdhihi
   b ☐ Hâdhâ
   c ☐ H̲âl
6. Yâ Muh̲ammad, ________ shây?
   a ☐ hal
   b ☐ 'ilâ
   c ☐ fî

4. Wie sagt man auf Arabisch?

Hier geht es einfach ums Übersetzen. Diese Wörter beherrschen Sie doch inzwischen im Schlaf – oder?

1. Friede sei mit euch.
2. Guten Morgen.
3. Guten Abend.
4. Glückliche Nacht.
5. Auf Wiedersehen.
6. So Gott will.

5

Geld und Co.

Plastikgeld?
In den meisten arabischen Ländern empfiehlt sich das Plastikgeld nur zum Bezahlen großer Beträge wie etwa für Hotel oder Mietwagen. Amerikanische Verhältnisse, wo fast gar nichts mehr cash gezahlt wird, herrschen in keinem arabischen Land. Am besten kommt man in den kleinen Golfstaaten mit einer Kreditkarte voran.

Wer in ein fernes Land reist, hat auch das eine oder andere Organisatorische zu erledigen. Ganz oben auf der Dringlichkeitsliste steht das Beschaffen einheimischer Landeswährung. Arabische Währungen sind vielfältig und heißen beispielsweise *Dinar* (Algerien, Irak, Jordanien, Kuwait, Libyen, Tunesien, Bahrain), *Rial* (Jemen, Oman, Saudi-Arabien), *Dirham* (Marokko, Vereinigte Arabische Emirate) oder auch *lîra* wie in Ägypten, Libanon, Sudan und in Syrien.
Oliver möchte seine Geldbörse endlich mit syrischen Pfundscheinen (Ez: *lîra,* Mz: *lîrât*) füllen und so fragt er Khalîl: *Fî hunâ maktab ṣarf?* (= Gibt es hier ein Wechselbüro?) Offizielle Geldwechsler bieten in vielen Ländern bessere Kurse und längere Öffnungszeiten als Banken. Aber mit einem Wechselbüro kann Khalîl nicht dienen, doch: *Fî bank* (= Es gibt eine Bank) und die ist auch gar nicht weit weg: *Al-bank qarîb* (= Die Bank ist nahe).
Oliver hat sich zu Hause Reiseschecks besorgt, denn so hat er die Sicherheit, sie im Verlustfall schnell und problemlos ersetzt zu bekommen. Bargeld hat er zwar auch mit, aber nicht allzu viel, denn bei seinem letzten Urlaub hatte er seine Brieftasche samt Urlaubskasse und Reisepass in einem Café liegengelassen und stand daraufhin annähernd mittellos da. Seitdem hat er immer nur Kleingeld in einem griffbereiten Portemonnaie, andere Zahlungsmittel und wichtige Reisepapiere bewahrt er in einem Bauchgürtel auf – und den schnallt er nur selten ab.

Fî hunâ maktab sarf?

5 A

1/18

hunâ	hier
maktab as-sarf	das Wechselbüro
lâ	nein, nicht
al-bank	die Bank
ba*îd	weit
qarîb	nah
djiddan	sehr
hunâk	dort
ash-shâri*	die Straße
ta*âl ma*-î!	Komm mit mir!

● Yâ Khalîl, fî hunâ maktab sarf?	Khalîl, gibt es hier ein Geldwechselbüro?
■ Lâ, mâ fî hunâ maktab sarf.	Nein, es gibt hier kein Wechselbüro.
● Fî bank?	Gibt es eine Bank?
■ Na*am, fî bank.	Ja, es gibt eine Bank.
● Hal huwa ba*îd min hunâ?	Ist sie weit von hier?
■ Lâ, al-bank qarîb djiddan.	Nein, die Bank ist sehr nahe.
● 'ayn huwa?	Wo ist sie?
■ Hunâk, fî shâri* as-salâm. Ta*âl ma*-î!	Dort in der Straße des Friedens. Komm mit mir!
● Yalla!	Los geht's!

djiddan
= sehr, hat immer die gleiche Form und hebt Eigenschaften besonders heraus:
qarîb djiddan: sehr nahe
*ba*îd djiddan:* sehr weit

Hier/dort
hunâ (= hier) und *hunâk* (= dort) beschreibt Entfernungen oder betont das Vorhandensein (es gibt):
Hunâ maktab sarf: Hier gibt es/ist ein Wechselbüro
Hunâk bank: Dort gibt es/ist eine Bank.
Beide Wörter verändern ihre Form nicht.

Hal huwa ba*îd?
sind Personalpronomen 3. Person Einzahl, dienen auch zur Bestimmung von Hauptwörtern.
huwa (m):
Fî bank: Es gibt eine Bank.
*Hal huwa ba*îd?*: Ist sie weit weg?
hiya (w):
Kayf al-madîna?: Wie ist die Stadt?
Hiya djamîla: Sie ist schön.

Übungen

„Sehr weit“, „sehr hübsch“, „sehr hungrig“... mit *djiddan* lassen sich Adjektive „sehr“ betonen.

1. Sehr

1/19

*Al-bank ba*îd **djiddan.***

1. Al-bank ba*îd
2. Al-bint djamîla
3. Zainab djau*âna
4. Maktab as-sarf qarîb
5. Anne ta*bâna

Suchen Sie aus den vorgegebenen Antworten die jeweils passende(n). Sehen Sie genau hin, denn Feinheiten können im Arabischen sehr entscheidend sein.

2. Welche Erwiderung passt?

1. Fî hunâ maktab sarf?
   - a ☐ Na*am, fî ghurfat an-naum.
   - b ☐ Lâ, mâ fî hunâ maktab sarf.
2. Fî bank qarîb?
   - a ☐ Na*am, fî bank hunâ.
   - b ☐ Na*am, fî maktab sarf hunâ.
3. Hal al-bank ba*îd min hunâ?
   - a ☐ Na*am, al-bank ba*îd.
   - b ☐ Na*am, huwa ba*îd djiddan.
4. Hal al-bank qarîb djiddan?
   - a ☐ Lâ, hiya ba*îd fî shâri* as-salâm.
   - b ☐ Lâ, huwa ba*îd fî shâri* as-salâm.

Maktab as-sarf qarîb: Das Wechselbüro ist nah – und die Bank?
Denken Sie daran, dass es bei weiblichen Hauptwörtern *qarîba* oder *ba*îda* heißen muss.

3. Weit oder nah?

1. Maktab as-sarf – nah.
2. Al-bank – weit.
3. Shâri* as-salâm – nah.
4. Ad-duktûr – weit.
5. 'almâniyâ – weit.
6. Al-madîna – nah.

Übersetzen Sie ins Arabische. Die Wörter *hunâk* und *hunâ* sind unveränderlich, gleich, ob sie bei männlichen oder weiblichen Hauptwörtern stehen.

4. Hier oder dort?

1. Das Geldwechselbüro ist hier.
2. Die Bank ist dort.
3. Der Doktor ist dort.
4. Das Brot ist hier.

Beantworten Sie die Fragen mit der richtigen Form von *huwa* oder *hiya*.

5. Huwa oder hiya?

1. Hal al-bank ba*îd min hunâ? — Lâ, __________ qarîb djiddan.
2. 'ayn maktab as-sarf? — __________ fî shâri* as-salâm.
3. Hal al-madîna djamîla? — Na*am, __________ djamîla.
4. Kayf ash-shây? — __________ kwayyis.
5. Kayf hâl djaddat-ak? — __________ kwayyisa.

Fî l-bank

1/20

'urîd ('an)	ich möchte (..., dass)
'asruf	ich wechsle
ash-shîk as-siyâhî	der Reisescheck
min fadl-ak	bitte (von deiner Güte)
bi-kull surûr	sehr gerne (mit ganzer Freude)
al-djawâz	der Pass
at-tauqî*	die Unterschrift
tayyib	gut
al-flûs	das Geld

● 'urîd 'an 'asruf hâdhâ sh-shîk as-siyâhî min fadl-ak.	Ich möchte diesen Reisescheck wechseln, bitte.
■ Bi-kull surûr.	Sehr gerne.
● Tafaddal, ash-shîk as-siyâhî.	Bitte, der Reisescheck.
■ Djawâz-ak min fadl-ak.	Ihren Pass bitte.
● Tafaddal, djawâz-î.	Bitte, mein Pass.
■ Shukran. At-tauqî* hunâk, min fadl-ak.	Danke. Die Unterschrift dort bitte.
● Hunâ ... tayyib?	Hier ... gut?
■ Na*am, tayyib. Tafaddal, al-flûs wa al-djawâz.	Ja, gut. Bitte, das Geld und der Pass.
● Shukran djazîlan, ma*a s-salâma.	Vielen Dank, auf Wiedersehen.

Bitte, bitte, bitte
At-tauqî hunâk, min fadl-ak* – bitte (wörtl.: von deiner Güte, fordernd, erbittend)
Tafaddal – bitte (wörtlich: habe die Güte, anbietend, gewährend)
**afwan* – bitte, keine Ursache (Antwort auf *shukran* = danke)

Die Präposition *bi-* wird benutzt zur Bezeichnung von:
1. Art und Weise:
Bi-kull surûr: Sehr gerne (mit ganzer Freude).
2. Mittel: *Bi-shîk siyâhî:*
Mit einem Reisescheck.
3. Ort (wie auch *fî*):
Bi-l-bank: In der Bank.

***'an* (= dass)**
Dass-Sätze sind im Arabischen häufig und werden mit *'an* gebildet:
'urîd 'an 'asruf ash-shîk: Ich möchte diesen Scheck wechseln (Ich möchte, dass ich wechsle diesen Scheck).

Bestimmt – unbestimmt
shîk siyâhî:
(ein) Reisescheck
ash-shîk as-siyâhî:
der Reisescheck
shîk-î s-siyâhî:
mein Reisescheck

Übungen

1. Die richtige Reihenfolge

Wie entstehen zwei zwar kurze, aber sinnvolle Dialoge? Nummerieren Sie.

1. ________ Lâ, maktab as-sarf qarîb djiddan.
________ Yâ, Sâmit, fî hunâ bank?
________ Hal huwa ba*îd min hunâ?
________ Hayyâ bi-nâ.
________ Lâ, mâ fî hunâ bank. Fî maktab sarf.

2. ________ Bi-kull surûr.
________ Tafaddal, al-flûs.
________ 'urîd 'an 'asruf hâdhâ sh-shîk as-siyâhî.
________ Tafaddal, shîk-î s-siyâhî.
________ Shukran. At-tauqî* hunâk min fadl-ak.

2. Welche Erwiderung passt

1/21

Bevor der Rubel – pardon, Riâl – rollt, wird man beim Geldwechseln so mancherlei gefragt ...
Bitte decken Sie die Fragen zu und hören Sie sich die CD an.

1. 'urîd 'an 'asruf hâdhâ sh-shîk as-siyâhî.
   a ☐ Shukran.
   b ☐ Bi-kull surûr.
2. At-tauqî* hunâk, min fadl-ak.
   a ☐ Tamâm.
   b ☐ Ma*a s-salâma.
3. Tafaddal, al-flûs.
   a ☐ Hunâk.
   b ☐ Shukran djazîlan.
4. 'ayn djawâz-î?
   a ☐ Na*am, tayyib.
   b ☐ Hunâ, tafaddal.

3. Ich möchte, dass ...

Übersetzen Sie ins Deutsche und wählen Sie zur Veranschaulichung die möglichst wortgenaue Übersetzung (also das „dass" mitübersetzen).

1. 'urîd 'an nadhhab 'ilâ l-madîna.
2. 'urîd 'an nadhhab 'ilâ l-bank.
3. 'urîd 'an 'asruf hâdhâ sh-shîk as-siyâhî.
4. 'urîd 'an 'asruf hâdhihi l-flûs.

4. Welche Übersetzung passt?

Welche deutsche Übersetzung dieser Begriffe rund ums Thema Geldwechseln passt zu der arabischen – oder umgekehrt?

1. ash-shîk as-siyâhî	a	☐ das Wechselbüro
2. al-flûs	b	☐ der Reisescheck
3. at-tauqî*	c	☐ der Pass
4. al-djawâz	d	☐ das Geld
5. maktab as-sarf	e	☐ die Unterschrift

Der Prophet Muhammad

Im Jahre 570 n. Chr. wurde der Prophet Muhammad („Der Gepriesene") in Mekka, im heutigen Saudi-Arabien, geboren. Sein Vater war Kaufmann, starb allerdings früh, so dass Muhammad bei einem Onkel aufwuchs. Er arbeitete als Karawanenführer und erhielt so schon früh Kenntnisse über fremde Völker und andere Religionen. Etwa im Alter von vierzig Jahren erschien ihm der Engel Gabriel, der ihm nach und nach die Worte Gottes, den Koran, übermittelte. In den ersten Jahren, als Muhammad die neue monotheistische Religion des Islam verkündete, standen ihm viele Einwohner Mekkas feindselig gegenüber.
622 n. Chr. zog Muhammad mit seinem Gefolge von Mekka nach Yathrib um. Dieser *hidjra*, „Auswanderung", wird in der muslimischen Welt eine so große Bedeutung beigemessen, dass sie den Beginn der islamischen Zeitrechnung kennzeichnet. *Yathrib* wurde fortan *Madînat an-Nabî* (= die Stadt des Propheten) genannt, was sich später auf *Madîna* verkürzte. Hier fand Muhammad, anders als in seiner Heimatstadt, schnell weitere Anhänger.
Mit den Bewohnern Mekkas begann eine kriegerische Auseinandersetzung, die mit einem Sieg Muhammads und seiner Anerkennung als Führer endete. Die neue Religion breitete sich innerhalb kurzer Zeit über fast die gesamte Arabische Halbinsel aus. Der Prophet starb im Jahre 632 in *Madîna*.

Muhammad
war auch ein bedeutender Sozialreformer. Er erhob sein Wort gegen den gesellschaftlichen und moralischen Niedergang der damaligen Zeit, in der Konflikte und Stammeskriege an der Tagesordnung waren. Und er setzte sich für die Rechte der Frauen ein, die als eine Art Ware galten.

Biblische Stammväter
wie Abraham, Moses und Jesus werden im Islam als wichtige Wegbereiter und Propheten angesehen. Für Muslime ist Muhammad allerdings der letzte und endgültige Prophet, dem das wahre Wort Gottes übermittelt wurde.

Im Jahr 622
beginnt die islamische Zeitrechnung, unser Jahr 2010 fällt auf das islamische Jahr 1430/31.

6

Urlaubsgrüße

Post gen Arabia
Möchten Sie Post in arabische Länder senden, so gilt zu beachten, dass die meisten Menschen ein Postfach besitzen, an das die Briefe ausgeliefert werden. In Altstadtquartieren oder kleinen Orten gibt es für gewöhnlich keinen Postzustelldienst.

Hauptsache bunt, gerne auch mal kitschig: Postkarten erfreuen das Herz der lieben Daheimgebliebenen – oder lassen vor Neid erblassen. Vervollständigt wird eine Urlaubskarte mit sonnigen Grüßen und exotisch bunten Briefmarken.
Als Oliver vor einem Souvenirladen einen Ständer mit Postkarten erblickt, scheint er beinahe ebenso erfreut, als hätte er gerade eine solche Karte in seinem Briefkasten gefunden. Gut, diese Karten sind wirklich schön, aber dennoch kann Khalîl Olivers Freude nur halb verstehen. *Barîd 'ilâ almâniyâ? 'ilâ *â'ilat-ak?* (= Post nach Deutschland? Für deine Familie?), fragt er. *Lâ, al-biṯâqât ath-thalâth lî-Bettina faqaṯ.* (= Nein, die drei Postkarten sind nur für Bettina), antwortet Oliver triumphierend, worauf Khalîl gar nichts mehr versteht. *Aaaah, al-ḫubb!* (= Aaaah, die Liebe) lautet seine Lösung für die Schreibwut seines Freundes und sein eben noch fragender Gesichtsausdruck wandelt sich zu einem verschmitzten Grinsen.
Oliver erklärt, Bettina sammele Postkarten und Briefmarken. Damit das Sammlerglück seiner Angetrauten auch perfekt wird, erkundigt sich Oliver auf dem Postamt nach schönen Sondermarken. Khalîl lässt immer wieder schelmische Bemerkungen fallen, während Oliver eilig alle drei Postkarten an seine Frau schreibt und in den Briefkasten wirft.

Al-bitâqât ath-thalâth lî-Bettina

1/22

shûf!	Schau!
al-bit̲âqât	die Postkarten
al-barîd	die Post
'ashtarî	ich kaufe
thalâth	drei
faqat̲	nur
al-h̲ubb	die Liebe
tadjma*	sie sammelt
at̲-t̲awâbi*	die Briefmarken
maktab al-barîd	das Postamt

●	Shûf yâ Khalîl, al-bit̲âqât al-djamîla hunâk.	Schau Khalîl, die schönen Postkarten dort.
■	'ayn? Ah, hunâk.	Wo? Ah, dort.
●	Marh̲aban, 'urîd 'an 'ashtarî hâdhihi al-bitâqât ath-thalâth .	Hallo, ich möchte diese drei Postkarten kaufen.
■	Barîd 'ilâ almâniyâ? 'ilâ *â'ilat-ak?	Post nach Deutschland? Für deine Familie?
●	Lâ, al-bit̲âqât ath-thalâth lî-Bettina faqat̲.	Nein, die drei Postkarten sind nur für Bettina.
■	Aaaah, al-h̲ubb, al-h̲ubb ...	Aaaah, die Liebe, die Liebe ...
●	Ha, ha! Lâ, Bettina tadjma* bit̲âqât wa t̲awâbi*.	Ha, ha! Nein, Bettina sammelt Postkarten und Briefmarken.
■	Fî t̲awâbi* fî maktab al-barîd.	Es gibt Briefmarken im Postamt.
●	T̲ayyib, nadhhab 'ilâ maktab al-barîd.	Gut, lass uns zum Postamt gehen.

Hâdhihi l-bit̲âqât
Steht das hinweisende Fürwort in Verbindung mit einem artikellosen Substantiv, bilden sie einen zwar kurzen, aber eigenständigen Nominalsatz:
Hâdhihi bit̲âqât.:
Dies sind Postkarten.
Hâdhihi l-bit̲âqât:
diese Postkarten

Übungen

Stopfen Sie die Löcher dieses Dialoges mit dem jeweils passenden Wort aus der Liste.

1. Was fehlt?

hiya / biṯâqât / 'ilâ/faqaṯ / 'ashtarî

1. Shûf yâ Khalîl, al-________________ al-djamîla hunâk.
2. Na*am, ________________djamîla.
3. 'urîd 'an ________________hâdhihi l-biṯâqât.
4. Barîd ________________*â'ilat-ak?
5. Lâ, al-biṯâqât lî-Bettina ________________.

Hier kommt es darauf an, welche Antwort theoretisch passen könnte und im Dialog gesprochen wurde.

2. Welche Erwiderung kam danach?

1. Shûf yâ Khalîl, al-biṯâqât al-djamîla hunâk.
   - a ☐ 'ayn? Ah, hunâk.
   - b ☐ Lâ.
2. 'urîd 'an 'ashtarî hâdhihi al-biṯâqât th-thalâth.
   - a ☐ Barîd 'ilâ almâniyâ? 'ilâ *â'ilat-ak?
   - b ☐ Al-biṯâqât lî 'ukht-î faqaṯ.
3. Al-biṯâqât ath-thalâth lî-Bettina faqaṯ.
   - a ☐ Hal hiya tadjma* flûs?
   - b ☐ Aaaah, al-ẖubb, al-ẖubb.

Die wörtliche Übersetzung beginnt übrigens immer mit: „Ich möchte, dass ich kaufe ..."

3. Ich möchte kaufen

1/23

'urîd 'an 'ashtarî ***biṯâqât.***

1. biṯâqât
2. ṯawâbi*
3. sukkar
4. shây
5. khubz
6. djubna

Übersetzen Sie bitte ganz genau, sonst gehen Ihnen die entscheidenden Unterschiede verloren.

4. Auf Deutsch bitte

1. hâdhihi l-biṯâqât — Hâdhihi biṯâqât.
2. hâdhihi al-biṯâqât th-thalâth — Hâdhihi biṯâqât thalâth.
3. hâdhihi t-ṯawâbi* — Hâdhihi ṯawâbi*.
4. hâdhihi ṯ-ṯawâbi* al-djamîla — Hâdhihi ṯawâbi* djamîla.

5. Wohin gehen wir?

Nadhhab 'ilâ ***maktab al-barîd.***

1. maktab al-barîd
2. maktab as̱-s̱arf
3. al-madîna
4. shâri* as-salâm
5. ad-duktûr
6. 'ukht-î

Fî maktab al-barîd

6 B

1/24

li-	für/zu/nach
al-barîd al-djawwî	die Luftpost
*ind-akum	bei euch/ihr habt
at-tawâbi* al-khâssa	die Sondermarken
bi-kam	für wie viel, was kostet
*ishrîn lîra	20 Pfund
as-sayyida	die Dame
as-sayyid	der Herr
sandûq al-barîd	der Briefkasten
yayday-ik	deine Hände
al-hinna	das Henna

●	Thalâtha tawâbi* li-hâdhihi l-bitâqât 'ilâ 'almâniyâ min fadl-ik.	Drei Briefmarken für diese Postkarten nach Deutschland bitte.
■	Bi-kull surûr. Bi-l-barîd al-djawwî?	Sehr gerne. Als Luftpost?
●	Na*am. Hal *ind-akum tawâbi* khâssa?	Ja. Haben Sie Sondermarken?
■	Na*am, hâdhihi t-tawâbi* al-khâssa djamîla.	Ja, diese Sondermarken sind schön.
●	Na*am, bi-kam hiya?	Ja, wie viel kosten sie?
■	*ishrîn lîra min fadl-ak.	20 Pfund bitte.
●	Tafaddalî al-flûs, yâ sayyidat-î.	Bitte, das Geld, meine Dame.
■	Shukran, yâ sayyid-î.	Danke, mein Herr.
●	'ayn sandûq al-barîd?	Wo ist der Briefkasten?
■	Hunâk, yâ sayyid-î.	Dort, mein Herr.
●	Min fadl-ik, mâ hâdhâ fî 'ayday-ik?	Bitte, was ist dies auf Ihren Händen?
■	Hâdhâ hinna.	Das ist Henna.
●	Hâdhâ djamîl.	Das ist schön.

Was sagt man zu wem?
min fadl-ak: zum Mann
min fadl-ik: zur Frau
min fadl-akum: zu mehreren Personen

tafaddal: zum Mann
tafaddalî: zur Frau
tafaddalû: zu mehreren Personen

sayyid-î: zum Mann
sayyidat-î: zur Frau
sayyidât-i wa sâdat-î: zu mehreren Personen

Hâdhihi tawâbi*
Hauptwörter im Plural, die Dinge (nicht Menschen oder Tiere) bezeichnen, werden grammatikalisch als feminine Einzahlform behandelt (gilt nicht in Verbindung mit Zahlen).
Hâdhihi tawâbi.*
Hâdhihî bitâqât.

lîra
ist das arabische Wort für die Währungseinheit „Pfund“ (Ez: *lîra*, Mz: *lîrât*).

kam
„wie viel“, häufig gebraucht zur Frage nach dem Preis (*Bi-kam?*) oder dem Alter (*Kam *umr-ak?*).

Übungen

Seien Sie doch mal besonders höflich und fragen Sie in der 2. Person Plural, ob es diese Dinge gibt.

1. Haben Sie?

1/25

*Hal *ind-akum **tawâbi***?*

1. tawâbi*?
2. bitâqât?
3. tawâbi* khâssa?
4. shây?
5. shîk siyâhî?
6. flûs?

Rund ums Thema Post: Ordnen Sie die richtigen Übersetzungen zu.

2. Welche Übersetzung passt?

1. Briefmarken	a ☐ sandûq al-barîd
2. drei Postkarten	b ☐ tawâbi* khâssa
3. Briefkasten	c ☐ thalâth bitâqât
4. Postamt	d ☐ barîd djawwî
5. Sondermarken	e ☐ maktab al-barîd
6. schöne Sondermarken	f ☐ tawâbi*
7. schöne Postkarten	g ☐ bitâqât djamîla
8. Luftpost	h ☐ tawâbi* khâssa djamîla

Es geht in den Beispielen darum, was zu einer Frau und was zu einem Mann gesagt wird.

3. Was sagt man zu wem?

1. Yâ Yûsuf, 'urîd 'an 'ashtarî bitâqât	a ☐ min fadl-ak
2. Yâ Linda, 'urîd 'an 'ashtarî tawâbi*	b ☐ min fadl-ik
3. yâ Hans.	a ☐ Tafaddal
4. al-khubz yâ Lailâ.	b ☐ Tafaddalî

Übersetzen Sie. Vorsicht, diese Übung enthält zwei kleine Fallen. Achtung: Für mehrere Personen gilt das hinweisende Fürwort *hâ'ulâ'*.

4. Dies sind

1. Dies sind Briefmarken.
2. Dies sind Postkarten.
3. Dies sind Sondermarken.
4. Dies ist Geld.
5. Dies sind Kinder.

Ein typisches Gespräch am Postschalter. Wie würden Sie es übersetzen? Haben Sie gemerkt, dass diesmal die Person vor dem Schalter eine Frau ist und der Postangestellte ein Mann?

5. Auf Deutsch bitte

1. Thalâtha tawâbi* min fadl-ak.
2. Bi-kull surûr.
3. Bi-l-barîd al-djawwî min fadl-ak.
4. Tamâm yâ sayyidat-î.
5. Bi-kam?
6. *ishrîn lîra min fadl-ik.
7. Tafaddal, al-flûs.
8. Shukran yâ sayyidat-î.

Henna

Malereien mit dem Naturstoff Henna (*al-'hinna*) sind bei uns in den letzten Jahren groß in Mode gekommen. Im arabischen Kulturkreis ist Henna Alltag und hat eine lange Tradition. Araber glauben, die Pflanze sei eine Gabe Gottes und übertrage *baraka* (= Segen). Sowohl Männer als auch Frauen nutzen den Naturfarbstoff: Die Herren der Schöpfung färben ihre ergrauten Kopfhaare oder verleihen ihren Bärten eine rötlich braune Farbe. Viele Frauen geben mit Henna ihren Haaren eine besondere Farbnote, Glanz und Gesundheit. Das Kraut färbt für vier bis sechs Wochen und zeigt auch naturheilkundliche Wirkung. Es pflegt und heilt rauhe, beanspruchte Haut wirksam und lang anhaltend. Daher reiben viele sich die Handflächen oder Fußsohlen mit Hennapaste ein.
Der Brauch, Henna als Schönheitsmittel zu nutzen, soll von Muhammads Tochter Fâtima etabliert worden sein. Sie war arm und besaß keinen Schmuck, so bemalte sie ihre Haut mit eleganten Ornamenten und Arabesken. Solche perfekt und fein angefertigten Malereien werden von arabischen Frauen (sowie ihren Männern) bis heute als Schönheitsmerkmal angesehen. Meist sind die Handteller und Fingerkuppen bemalt, zu besonders feierlichen Anlässen auch Füße, Beine und Arme.

Grundstoff
sind die getrockneten und zu feinem Pulver zermahlenen Blätter und Stengel des vier bis sechs Meter hohen Hennastrauches (Lawsonia imermis), der zwischen Nordafrika und Indien verbreitet ist.
Rührt man getrocknetes, fein gemahlenes Henna-Pulver mit Wasser, Eukalyptusöl, Limonensaft, Tamarinden- oder Teeblättern zu einer weichen Paste an, so lassen sich damit feingliedrige Motive auf die Haut auftragen.

7

Beim Arzt

Arztbesuche im Urlaub zählen nicht unbedingt zu den schönen Erlebnissen. In diesem Fall kann sich glücklich schätzen, wer eine Auslandsreise-Krankenversicherung abgeschlossen hat. Diese übernimmt Kosten für Behandlung, Operationen, Medikamente und im Notfall auch den Krankenrücktransport nach Hause.

Die arabische Naturheilkunde hat sich jahrtausendelang bewährt. Araber schufen den Beruf des Apothekers und gründeten die ersten öffentlichen Apotheken bereits im 8. Jahrhundert. Die Wurzeln dieses Wissens liegen in der Antike und sie beruhen auf der altindischen und griechischen Heilmittellehre. Zahlreiche arabische Wissenschaftler hatten prägenden Einfluss auf die mittelalterliche europäische Medizin. Von diesem alten Wissen profitiert man noch heute und verbindet es mit den Erkenntnissen der modernen Pharmakologie.

Oliver ist nicht krank, aber er geht dennoch zum Arzt. Warum denn das? Khalîls Bruder Salmân ist Arzt, und dessen eigene Praxis muss natürlich besichtigt werden. *Hal nazûr 'akh-î Salmân?* (= Besuchen wir meinen Bruder Salmân?), lautet Khalîls Vorschlag – *Li-mâdha lâ* (= Warum nicht), willigt Oliver gerne ein.

Salmân freut sich über den Besuch. Als Khalîl Spaß macht und sagt: *Oliver marîd̲* (= Oliver ist krank), merkt der Doktor das zuerst nicht. *Hal *ind-u h̲ummâ?* (= Hat er Fieber?) und *Hal *ind-u 'alam fi l-bat̲n?* (= Hat er Schmerzen im Bauch?), fragt er erschrocken.

Aber nein, Oliver hat eine ganz andere Krankheit: **ind-u 'alam al-h̲ubb* (= Er hat Liebeskummer), feixt Khalîl – auch wenn das nicht unbedingt stimmt. Salmân lacht und meint, dagegen hätte er keine Medizin.

Hal nazûr Salmân?

1/26

nazûr	wir besuchen
yaskun	er wohnt
wa lâkin	aber
al-*iyâda	die Arztpraxis
li-mâdhâ	für was, warum
latîf	nett
al-mazzâh	der Spaßvogel
sa-namzah	wir werden veralbern
ma*a	mit
qalîl	etwas, ein wenig, gering

● Yâ Oliver, hal nazûr 'akh-î Salmân?	Oliver, besuchen wir meinen Bruder Salmân?
■ Na*am, li-mâdha lâ? Salmân latîf djiddan.	Ja, warum nicht? Salman ist sehr nett.
● Huwa duktûr.	Er ist Arzt.
■ 'ayn yaskun?	Wo wohnt er?
● Yaskun ba*îd min hunâ, wa lâkin *iyâdat-hu qarîba.	Er wohnt weit von hier, aber seine Arztpraxis ist nahe.
■ Hm, Salmân mazzâh. Sa-namzah ma*a-hu qalîl.	Hm, Salman ist ein Spaßvogel. Wir werden ihn etwas veralbern.

qalîl
umgangssprachlich oft *shwayya* – etwas, ein wenig, gering

Zukunft
Ganz einfach: Vorsilbe *sa-* + Gegenwartsform:
nazûr: wir besuchen
sa-nazûr:
wir werden besuchen
yaskun: er wohnt
sa-yaskun: er wird wohnen

Übungen

1. Besuchen wir?

1/27

Khalîl ist in Ausgehlaune und schlägt vor, wen sie besuchen könnten.

Hal nazûr ***'akh-i Salmân?***

1. 'akh-î Salmân?
2. 'ukht-î Zainab?
3. djaddat-î Salmâ?
4. khâl-î T̲âhâ?

2. Welche Erwiderung passt?

Welche Antwort passt und welche nicht? In einem Fall sind a und b möglich.

1. Yâ Klaus, hal nazûr Widâd?	a ☐	Lâ, huwa duktûr.
	b ☐	Na*am, li-mâdha lâ?
2. 'ayn yaskun?	a ☐	Qarîb min al-bank.
	b ☐	Huwa lat̲îf.
3. 'ayn *iyâdat-hu?	a ☐	Hiya hunâk.
	b ☐	Huwa mazzâh̲.
4. Sa-namzah̲ ma*a-hu qalîl.	a ☐	Lâ, huwa lat̲îf djiddan.
	b ☐	Li-mâdha lâ?

3. Was gehört zusammen?

Diese Verbformen sind gar nicht so einfach zu übersetzen. Hier zeigt sich, wer seine Vokabeln gelernt hat.

1. yaskun	a ☐	ich möchte
2. nazûr	b ☐	er wohnt
3. nadhhab	c ☐	ich wechsele
4. 'as̲ruf	d ☐	wir besuchen
5. 'urîd	e ☐	ich kaufe
6. 'ashtarî	f ☐	wir gehen

4. Bilden Sie Sätze

Ordnen Sie die Wörter zu vernünftigen Sätzen. Achtung: Satzzeichen fehlen und der Satzanfang ist nicht großgeschrieben. Gemein, oder?

1. Salmân/'akh-î/hal/nazûr
2. lâ/mâdha/li-/na*am
3. lat̲îf/Salmân/djiddan
4. fî/as-/shâri*/yaskun/salâm

5. Wo wohnt er?

Wo wohnt er denn nun, weit oder nah, hier oder dort? Setzen Sie richtig ein.

1. Yaskun ______________________ (weit von hier).
2. Yaskun ______________________ (nahe).
3. Yaskun ______________________ (nahe beim Postamt).
4. Yaskun ______________________ (in dieser Stadt).
5. Yaskun ______________________ (in der Straße des Friedens).
6. Yaskun ______________________ (dort).

Hal Oliver marîd?

1/28

ma l-khabar?	Was ist die Nachricht, was ist los?
marîd	krank
al-hummâ	das Fieber
al-'alam	die Schmerzen, das Leiden
al-batn	der Bauch
ar-ra's	der Kopf
'aydan	auch, auch noch, außerdem
katab	er hat geschrieben
'antum	ihr
ad-dawâ'	die Medizin

● 'ahlan yâ Salmân.	Hallo Salmân.
■ Marhaban. Ma l-khabar?	Willkommen. Was ist los?
● Oliver marîd.	Oliver ist krank.
■ *afwan, Oliver marîd? Hal *ind-u hummâ?	Wie bitte, Oliver ist krank? Hat er Fieber?
● Mâ *ind-u hummâ.	Er hat kein Fieber.
■ Hal *ind-u 'alam fi l-batn?	Hat er Schmerzen im Bauch?
● Lâ, mâ *ind-u 'alam fi l-batn.	Nein, er hat keine Schmerzen im Bauch.
■ Hal *ind-u 'alam fi r-ra's?	Hat er Schmerzen im Kopf?
● 'aydan lâ.	Auch nicht.
■ Hm, ma l- khabar?	Hm, was ist los?
● *ind-u 'alam al-hubb. Katab 'ilâ zaudjat-hu thalâth bitâqât!	Er hat Liebeskummer. Er hat seiner Frau drei Postkarten geschrieben!
■ Yâ mazzâh! Mâ *ind-î dawâ' li-'alam al-hubb.	Oh, du Spaßvogel! Ich habe keine Medizin gegen Liebeskummer.

'ahlan
= Hallo, lockere Kurzform von *'ahlan wa sahlan*

Verneinung mit *lâ*
lâ steht vor dem Verb:
1. „nein“
2. „nicht“

Li-mâdha lâ?: Warum nicht?
'aydan lâ: Auch nicht.
*Lâ yaskun ba*îd min hunâ:* Er wohnt nicht weit von hier.
Lâ, lâ 'urîd: Nein, ich möchte nicht.

Kann übrigens auch Befehle (Imperative) und Handlungen/Ereignisse in der Gegenwart verneinen.

Übungen

Locker vom Hocker: Hallo unter Freunden.

1. Hallo

1/29

*'ahlan yâ **Sa*id.***

1. Sa*id
2. Zainab
3. Mahmûd
4. Claudia
5. Dieter
6. Ibrâhîm

Zur Abwechslung mal umgekehrt: Statt der passenden Erwiderung müssen Sie diesmal die passende Frage finden.

2. Welche Frage passt?

1. Na*am, katab 'ilâ zaudjat-hu thalâth bit̲âqât.
   a ☐ Hal katab thalâth bit̲âqât?
   b ☐ Hal Oliver ta*bân?
2. Oliver *ind-u h̲ummâ.
   a ☐ Hal Oliver djau*ân?
   b ☐ Hal Oliver marîd̲?
3. Lâ, *ind-u 'alam fi l-bat̲n.
   a ☐ Hal *ind-u 'alam fi r-ra's?
   b ☐ Hal *ind-u 'alam fi l-batn?
4. Na*am Khalîl mazzâh̲.
   a ☐ Hal Khalîl mazzâh̲?
   b ☐ Hal Khalîl lat̲îf?

Füllen Sie die Lücke mit der entsprechenden „arabischen Krankheit".

3. Hat er ...?

1. Hal *ind-u ____________________ (Fieber)?
2. Hal *ind-u ____________________ (Kopfweh)?
3. Hal *ind-u ____________________ (Bauchweh)?
4. Hal *ind-u ____________________ (Liebeskummer)?

Füllen Sie die Lücken mit einer der zwei Verneinungsformen: *Mâ* bei Sätzen ohne Verb und bei **ind*. *Lâ* in den anderen.

4. (Nein) er hat kein ...

***Mâ** *ind-u 'alam fi l-bat̲n.*

1. ____ *ind-u 'alam fi l-bat̲n.
2. ____ *ind-u 'alam al-h̲ubb.
3. ____ *ind-u shây.

***Lâ, mâ** *ind-u h̲ummâ.*

4. ____, ____ *ind-u h̲ummâ.
5. ____, ____ *ind-u 'alam fi r-ra's.
6. ____, ____ *ind-u sukkar.

Welche Begriffe haben etwas mit dem Thema „Arzt" zu tun?

5. Beim Arzt

1. 'alam fi l-batn
2. mu*allim
3. hummâ
4. marîd
5. sûra
6. 'alam fi r-ra's
7. ghurfat an-naum
8. tawâbi* khâssa
9. dawâ'

Wasserpfeife

In vielen arabischen Ländern gehört das Rauchen – pardon das „Schmauchen" – einer *shîsha* (= Wasserpfeife) zu den besonderen Genüssen des Lebens. Insbesonders in Ägypten und im ostarabischen Raum locken viele Cafés mit Aprikosenqualm, Erdbeerwolken oder weiteren Tabakaromen.
Das Geheimnis beim Wasserpfeiferauchen besteht darin, dass man keinen „heißen" und beißenden Rauch inhalliert, sondern dieser zuvor über einen langen Pfeifenhals und durch einen teilweise mit Wasser gefüllten Korpus (aus Glas, Keramik oder Metall) geleitet und somit „kühl" und mild inhaliert wird. Nicht-Raucher können ohne Hustenkrampf *shîsha* schmauchen.
Zum Ansaugen des Tabakrauches dient ein stoffumhüllter Lederschlauch. Bei wertvollen Pfeifen besteht das Mundstück aus Bernstein und das im Inneren befindliche Pfeifenrohr aus Aprikosen- oder Nussholz. Einweg-Mundstücke aus Plastik können aus hygienischen Gründen aufgesetzt werden.
Wasserpfeifentabak kann viele Geschmäcker haben: Pfefferminze, Apfel, Aprikose, Erdbeere, Vanille und natürlich purer Tabakgeschmack. In Privathäusern werden meist fertige Mischungen geraucht, Cafés bieten oftmals Eigenkompositionen an. Wichtig ist, dass der Tabak feucht ist, deshalb ist das Untermischen von Honig gängig. Unüblich und verboten sind aber Rauschmittel. Zum Gebrauch wird der Tabak in einen zylindrischen, durchlöcherten Tonkopf gestopft und mit glühender Kohle bestückt.

Aller Anfang ist schwer
Ein Tipp zum ungetrübten Anrauchen einer gerade frisch aufgelegten Tabakportion: Mit langen, tiefen, ruhigen Atemzügen klappt es am besten. In Cafés gehört das Anrauchen zum Service und im privaten Rahmen ist dies Aufgabe eines guten Gastgebers.

Rauchausbreitung
Vermutlich gelangten Wasserpfeifen im frühen Mittelalter aus Indien über Persien in den arabischen Kulturkreis. Es gibt regional verschiedene Pfeifenvarianten und Benennungen.

8

Hallo, wer spricht?

Die Heimat ruft
Auslandsgespräche kann man in manchen arabischen Ländern nur von staatlichen oder privaten Telefonzentralen aus führen. Die Vorwahl nach Deutschland lautet 0049, nach Österreich 0043 und in die Schweiz 0041. Die erste Null der Ortsnetzkennzahl muss dann weggelassen werden.

„Hallo, hallo" – wohl die meisten Telefongespräche beginnen so auch in arabischen Ländern. Weiß man nach anfänglichem Hin und Her schließlich, wer am anderen Ende der Leitung spricht, folgt ein nicht unbedingt kurzer Begrüßungsreigen.
An diesem Abend ruft Salmân bei seinen Eltern an. *Man yatakallam?* (= Wer spricht?) ... *Ah, 'ibn-î* (= Ah, mein Sohn) sagt Fâṯima. Doch sie kann sich nicht lange freuen, denn aus der Nachbarwohnung stört ohrenbetäubende Musik den netten Plausch. Aber Salmân wollte ohnehin Oliver sprechen: *Hal mumkin 'an 'atakallam ma*a Oliver?* (= Ist es möglich, dass ich mit Oliver spreche?)
Ihn interessiert der angeblich liebeskranke Deutsche näher und dessen fernes Heimatland. Aber auch den beiden macht die laute Musik zu schaffen. *Al-mûsîqâ *âliya djiddan. 'anâ lâ 'asma*-ak* (= Die Musik ist sehr laut. Ich höre dich nicht), brüllt Salmân in den Hörer und Oliver schlägt schließlich vor: *'attaṣil b-ak ba*d qalîl* (= Ich rufe dich später an).

Man yatakallam?

8 A

1/30

man	wer
yatakallam	er spricht
al-mûsîqâ	die Musik
*âliya	laut
'asma*	ich höre
al-yaum	der Tag, heute
ba*d az-zuhr	nach dem Mittag, Nachmittag
zâr-nî	er besuchte mich
mumkin	möglich, können
'atakallam	ich spreche

● Allo? Man yatakallam?	Hallo? Wer spricht?
■ Masâ' al-khayr. Salmân y atakallam.	Guten Abend. Salmân spricht.
● Allo? Al-mûsîqâ *âliya djiddan. 'anâ lâ 'asma*-ak ...	Hallo? Die Musik ist sehr laut. Ich höre dich nicht ...
■ Allo, Salmân yatakallam!	Hallo, Salmân spricht!
● Ah, 'ibn-î. Kayf al-hâl?	Ah, mein Sohn. Wie geht's?
■ Kwayyis djiddan. Wa kayf hâl-ik?	Sehr gut. Und wie geht es dir?
● Bi-khayr, al-hamdu li-llâh.	Wohlbehalten, Gottlob.
■ Al-yaum ba*d az-zuhr Oliver zâr-nî.	Heute am Nachmittag besuchte mich Oliver.
● Na*am?!	Ja?!
■ Na*am. Hal mumkin 'an 'atakallam ma*a Oliver?	Ja. Ist es möglich, dass ich mit Oliver spreche?
● Mumkin, mumkin ...	Es ist möglich ...

mumkin
mumkin (oftmals *yimkin*) + Verb: wird auf Deutsch mit „können" übersetzt:
*Hal mumkin 'an 'atakallam ma*a Oliver?* – Kann ich mit Oliver sprechen?

Mit *mumkin* kann man auch um Erlaubnis fragen oder „vielleicht" ausdrücken.

kayf hâl-ak?
wie *kayf hal 'ant/'anti,* meist nur bei Gegenfragen:
kayf hâl-ak: wie geht es dir (m)?
kayf hâl-ik: wie geht es dir (w)?
kayf hâl-akum: wie geht es euch?

zâr-nî
„Er besuchte mich": Wenn man ein Ereignis persönlich erlebt, kann man an einige Verben *-nî* anhängen

Übungen

Man yatakallam?
Wer spricht denn dort? Ah ja, du bist's ...
Na, was gehört in die Lücke? Ist doch ganz einfach ...

1. Wer spricht?

Ẕâfir ***yatakallam.***

1. Ẕâfir
2. Wilhelm
3. *abdulwahhâb
4. Tim

Zurück zum alten Verfahren: die richtige Erwiderung auswählen.

2. Welche Erwiderung passt?

1. Wa kayf ẖâl-ak?
   a ☐ Kwayyis.
   b ☐ Kwayyisa. Al-hamdu li-llâh.
2. Al-mûsîqâ *âliya djiddan.
   a ☐ 'anâ lâ 'asma*-ak.
   b ☐ Al-yaum ba*d aẕ-ẕuhr.
3. Hal mumkin 'an 'atakallam ma*a Oliver?
   a ☐ Shukran djazîlan.
   b ☐ Na*am mumkin.

Hâl-ak oder *hâl-ik* – das müssen Sie entscheiden.

3. Und wie geht's dir?

Wa kayf ***ẖâl-ak*** *yâ H̱assan?*

1. Wa kayf ________________ yâ H̱assan?
2. Wa kayf ________________ yâ Monika?
3. Wa kayf ________________ yâ Markus?
4. Wa kayf ________________ yâ Walîd?
5. Wa kayf ________________ yâ Fâṯima?
6. Wa kayf ________________ yâ Michaela?

Bitte beantworten Sie die Fragen zum Dialog auf Arabisch.

4. Bitte beantworten

1. Fâtima telefoniert. Wer spricht am anderen Ende der Leitung?
2. Doch die Musik ist sehr laut. Wie sagt sie das?
3. Wie sagt Salmân, dass ihn am Nachmittag Oliver besucht hat?
4. Wie fragt er, ob er mit Oliver sprechen kann?

Bei 5. und 6. würde ein Araber die Personen mit der entsprechenden Form für „der Herr" bzw. „die Dame" + nur Vorname ansprechen.

5. Kann ich mit ... sprechen?

1/31

Hal mumkin 'an 'atakallam ma*a *Sigrun?*

1. Sigrun
2. Bernd
3. Yâsmîn
4. S̱âbir-Laṯîf
5. Willi Semmelrogge
6. Laylâ al-Alzarî

Mâ raqm hâtif-ak?

1/32

mabsût	zufrieden
nahn	wir
'attasil b-ak	ich rufe dich an
ba*d qalîl	später/danach
raqm al-hâtif	die Telefonnummer
wâhid	eins
'ithnîn	zwei
khamsa	fünf
mumtâz	ausgezeichnet, prima
'ila l-liqâ'	bis später

● Allo? Ah Salmân! Kayf al-hâl?	Hallo? Ah Salmân! Wie geht's?
■ Kwayyis. Wa 'antum? Hal 'antum mabsûtîn?	Gut. Und ihr? Seid ihr zufrieden?
● Nahn mabsûtîn.	Wir sind zufrieden.
■ *afwan? ... Al-mûsîqâ *âliya djiddan.	Wie bitte? ... Die Musik ist sehr laut.
● Yâ Salmân, 'attasil b-ak ba*d qalîl.	Salmân, ich rufe dich später an.
■ Mumtâz.	Ausgezeichnet.
● Mâ raqm hâtif-ak?	Was ist deine Telefonnummer?
■ Ar-raqm huwa wâhid, 'ithnîn, thalâtha, 'ithnîn, 'arba*a, khamsa.	Die Telefonnummer, sie ist eins, zwei, drei, zwei, vier, fünf.
● *afwan?	Wie bitte?
■ Wâhid, 'ithnîn, thalâtha, 'ithnîn, 'arba*a, khamsa.	Eins, zwei, drei, zwei, vier, fünf.
● Tamâm. 'ila l-liqâ' yâ Salmân.	In Ordnung. Bis später Salmân.

Die Zahlwörter 1–10
stehen vor dem Gezählten und haben das gleiche Geschlecht wie das Bezugswort in der Einzahl.
Kardinalzahlen: männliche Formen.
Achtung: Zahlen (m) enden auf *-a!!!*

Die Zahlwörter 1 und 2
nur wenn die Anzahl betont werden soll, sonst: Substantiv ohne Artikel, z. B: **ind-î bint. *ind-î sûra.*

Zahlzeichen (m/w)
1 = *wâhid/wâhida*
2 = *'ithnîn/'ithnatîn*

Die Zahlwörter 3–10
Gezählte Substantive stehen stets in der Mehrzahl!
Zahlzeichen (w/m)
3 = *thalâth/-a*
4 = *'arba*/-a*
5 = *khams/-a*
6 = *sitt/-a*
7 = *sab*/-a*
8 = *thamân/-iya*
9 = *tis*/-a*
10 = **ashar/-a*

Übungen

„Seid ihr zufrieden?" – „Ja, wir sind zufrieden..." Füllen Sie die Lücken entsprechend aus und seien auch Sie dann mit dem Ergebnis zufrieden.

1. Seid ihr zufrieden? Ja, wir sind zufrieden.

Yâ Dieter, yâ Beate. Hal ***'antum*** *mabsûṯîn? Na*am, naẖn* ***mabsûṯîn.***

1. Yâ Dieter, yâ Beate. Hal ... mabsûṯîn? Na*am, naẖn ...
2. Yâ *uthmân, yâ Nizâr. Hal ... mabsûṯîn? Na*am, naẖn ...
3. Yâ Max, yâ Moritz. Hal ... mabsûṯîn? Na*am, naẖn ...
4. Yâ Mabrûka, yâ Thâbit. Hal ... mabsûṯîn? Na*am, naẖn ...

Auch diesmal dürfen Sie ohne Ton die passenden Antworten aussuchen.

2. Welche Erwiderung passt?

1. Hal 'antum mabsûṯîn?
   a ☐ Na*am, 'antum mabsûṯîn.
   b ☐ Na*am, naẖn mabsûṯîn.
2. Al-mûsîqâ *âliya djiddan.
   a ☐ 'anti marîḏa?
   b ☐ *afwan?
3. Mâ raqm hâtif-ak?
   a ☐ Waẖid, 'ithnîn, thalâtha, 'ithnîn, 'arba*a, khamsa.
   b ☐ Ar-raqm huwa fî maktab al-barîd.
4. 'ila l-liqâ'.
   a ☐ Lâ, 'ilâ hunâk.
   b ☐ 'ila l-liqâ'.

Einfach nur anhören und nachsprechen – am besten mehrmals.

3. Bitte nachsprechen

1/33

1. wâhid
2. 'ithnîn
3. thalâtha
4. 'arba*a
5. khamsa
6. sitta
7. sab*a
8. thamâniya
9. tis*a

Wie lauten diese Telefonnummern auf Arabisch? Wählen Sie bitte die maskulinen Zahlwörter.

4. Meine Telefonnummer

1. drei – drei – drei – acht – sieben – acht
2. fünf – sechs – neun – acht – fünf – eins
3. eins – vier – drei – fünf – sechs – zwei
4. acht – vier – neun – fünf – fünf – sieben

'ila l-liqâ' ist neben *ma*a s-salâma* ein weiterer oft gebrauchter Abschiedsgruß.

5. Bis später

'ila l-liqâ' yâ ***Nâẕim.***

1. Nâzim
2. Tamara
3. Yûsuf
4. Laylâ
5. Detlef
6. Hilde

Arabische Musik

8

Arabische Musik ist allgegenwärtig – und gewöhnlich unüberhörbar laut. Überall erklingen Werke arabischer Popmusik: meist schmachtende Liebesballaden ägyptischer Popdivas mit schrillem Keyboard-Hintergrund.

Aber auch traditionelle Klänge kann man sehr oft hören. Viele dieser Lieder sind reine Instrumentalstücke, in denen Trommelschläge und Melodien der Laute (= *al-*ûd*: das Holzstück) dominieren. Andere traditionelle Musikinstrumente sind Flöten, Tamburine, Brettzithern und verschiedene Saiteninstrumente. Die Beduinengeige *rabâba* bringt die eindringlichsten Klänge hervor.

Als bedeutendste zeitgenössische arabische Sängerin gilt die Ägypterin 'umm Kulthûm. Sie starb zwar 1975, doch ihr Ruhm ist auch heute ungebrochen. Ihr Verdienst bestand vor allem darin, dass sie die traditionelle arabische Volksmusik mit großer Virtuosität in einer modernen Form wiederbelebte. 'umm Kulthûm hinterließ über 700 Lieder. Auch die Gesangsstücke ihrer libanesischen Kollegin Fairûz zeichnen sich durch westliche Einflüsse aus. Die berühmtesten männlichen Sänger stammen ebenfalls aus Ägypten: Muhammad *abdal Wahhâb (gestorben 1992) und *abdal <u>H</u>alîm <u>H</u>âfiz (gestorben 1977).

Das traditionelle arabische Volkslied besitzt einen ausgeprägten Strophenbau, der sich eng an die Volksdichtung anlehnt. Es gibt eine Vielfalt von Liebesliedern, aber auch Arbeits-, Hochzeits-, Wiegen- oder Klagelieder. Eine besondere Form des Volksliedes ist das von einem Sänger vorgetragene Stegreiflied, das bestimmte feste Eigenschaften besitzt, aber lokalen und zeitlichen Bedingungen angepasst wird.

T

Test 2

Alle Antworten stehen in den Hintergrundtexten. Es können auch mehrere richtig sein.

1. Welche Antwort stimmt?

1. Der Prophet Muhammad lebte:
   a ☐ 1570–1632.
   b ☐ in der zweiten Hälfte des dritten Jahrhunderts.
   c ☐ Ende des 6./Anfang des 7. Jahrhunderts.
2. Der Prophet Muhammad:
   a ☐ hat die Worte Gottes empfangen und verbreitet.
   b ☐ wurde in Mekka geboren.
   c ☐ hat im nördlichen Afrika für die Verbreitung des Islam kriegerische Auseinandersetzungen geführt.
3. Henna ist:
   a ☐ eine Delikatesse Algeriens.
   b ☐ ein Naturfarbstoff.
   c ☐ eine Teesorte.
4. Dem Volksglauben nach überträgt Henna:
   a ☐ Segen.
   b ☐ Manneskraft.
   c ☐ einen Fluch auf böse Schwiegermütter.
5. Eine *shîsha* nutzt man:
   a ☐ zum Anheizen eines Kohleofens.
   b ☐ zum Verfeinern von Obstsalat.
   c ☐ zum Tabakrauchen.
6. '*umm Kulthûm* ist:
   a ☐ eine summende Beduinengeige.
   b ☐ eine berühmte ägyptische Sängerin.
   c ☐ ein lautmalerischer Ausdruck für „Honigbiene“.

Ganz einfach: welche Frage 1. bis 6. hat welche Antwort a bis f?

2. Fragen und Antworten

1. Fî hunâ maktab sarf?
2. Mumkin 'an 'ashtarî hâdhihi at-tawâbi*?
3. 'ayn yaskun Mustafâ?
4. Ma l-khabar?
5. Hal Jochen *ind-u 'alam fî l-batn?
6. Hal nazûr 'ukht-î?

a ☐ Qarîb min hunâ.
b ☐ Na*am, nazûr-hâ.
c ☐ Na*am, huwa marîd.
d ☐ Bi-kull surûr. Tafaddal.
e ☐ Lâ, fî bank faqat.
f ☐ Al-yaum ba*d az-zuhr Nûr zâr-nî.

3. Was fehlt?

Welche Wörter passen in die Lücken. Einmal sind auch zwei Antworten möglich.

1. Al-bank ________.
   a □ hunâ
   b □ hiya
   c □ qarîb
2. At-tauqî* hunâk, ________.
   a □ 'ilâ almâniyâ
   b □ ba*îd fî shâri* as-salâm
   c □ min faḏl-ak
3. 'urîd 'an 'ashtarî ________.
   a □ ṯawâbi* khâs̱s̱a
   b □ ẖubb
   c □ maktab al-barîd
4. Hal al-barîd ________.
   a □ li-*â'ilat-î
   b □ *ind-u ẖummâ
   c □ ta*bân
5. 'attas̱il b-ik ________ aẕ-ẕuhr.
   a □ ma*a
   b □ ba*d
   c □ *ind
6. Mâ ________ hâtif Johannes?
   a □ wâẖid
   b □ raqm
   c □ mûsîqâ

4. Wie sagt man auf Arabisch?

Diese Sätze sind anders als in den letzten Dialogen. Bei 4. und 5. klingt das Arabische kompliziert – können Sie es trotzdem übersetzen?

1. Schau, diese schönen Postkarten sind aus Deutschland.
2. Susi, ich verstehe dich nicht.
3. Meine Telefonnummer ist fünf – sechs – neun – acht – sieben – eins.
4. Samîra, ich möchte, dass ich mit Laylâ spreche, bitte.
5. Ist es möglich, dass ich diesen Käse kaufe, mein Herr?
6. Bis später.

9

Altstadtbummel

Beim Bummel
durch traditionelle Altstadtwohnviertel sollten Touristen Zurückhaltung und Respekt wahren. Bei aller arabischer Gastfreundschaft – allzu neugierige Blicke in private Bereiche wie etwa Wohnhäuser oder Innenhöfe werden meist gar nicht gerne gesehen.

Oliver möchte heute ausgiebig durch die Altstadt spazieren. *Hal naqûm bi-djaula fi l-madîna al-qadîma?* (= Unternehmen wir einen Rundgang durch die Altstadt?), fragt er also Khalîl. *Hal nadhhab 'ilâ l-djâmi* al-kabîr?* (= Sollen wir zur großen Moschee gehen?), lautet Khalîls Vorschlag.

Khalîls Elternhaus steht am Rande der Altstadt, doch obwohl diese Lage für Oliver attraktiv scheint, erklärt Khalîl, dass seine Familie für eine Wohnung in der Neustadt spare. Dort sind die Wohnungen größer und moderner.

Die Wohnviertel arabischer Altstädte bestehen aus zahlreichen einzelnen Quartieren, in denen soziale Bindungen und Nachbarschaftlichkeit eine zentrale Rolle spielen. *H̲ârat* heißen diese traditionellen Wohnviertel, deren Grenzen nicht räumlich, sondern sozial definiert sind.

Die ärmeren Bewohner können sich keine hohen Mieten leisten und bleiben in der Altstadt, wodurch sich das einst typische Miteinander von Arm und Reich immer mehr verschiebt und eine Aufteilung der Bevölkerung je nach Einkommen zur Folge hat. Khalîl erklärt, seine Mutter blicke dem zukünftigen Umzug „in die neue Welt" mit gemischten Gefühlen entgegen. Sie fürchte das Fehlen der strengen Abgeschlossenheit nach außen, die in den traditionellen *h̲ârat* das private Familienleben schütze.

Djaula fî l-madîna al-qadîma

9 A

1/34

naqûm bi-	wir unternehmen
al-djaula	der Rundgang, der Ausflug
al-madîna al-qadîma	die Altstadt
turîd	du möchtest
'a*rif	ich weiß, ich kenne
ar-ra'y	die Meinung
al-djâmi* al-kabîr	die große Moschee
as-sûq	der Markt
al-mathaf	das Museum
lâzim	notwendig, müssen

● Yâ Khalîl, hal naqûm bi-djaula fî l-madîna al-qadîma?	Khalîl, unternehmen wir einen Rundgang durch die Altstadt?
■ Mumtâz. 'ilâ 'ayn turîd 'an nadhhab?	Prima. Wo sollen wir hingehen?
● Lâ 'a*rif, lâ 'a*rif madînat-ak.	Ich weiß nicht, ich kenne deine Stadt nicht.
■ Mâ ra'y-ak, hal nadhhab 'ila l-djâmi* al-kabîr?	Was ist deine Meinung, gehen wir zur großen Moschee?
● Wa ba*d qalîl 'urîd 'an nadhhab 'ilâ s-sûq.	Und später möchte ich, dass wir auf den Markt gehen.
■ Turîd 'an nadhhab 'ilâ l-mathaf 'aydan?	Möchtest du, dass wir auch ins Museum gehen?
● Lâ, lâ 'urîd 'an nadhhab 'ilâ l-mathaf.	Nein, ich will nicht ins Museum gehen.
■ Wa lâkin lâzim nazûr al-mathaf.	Aber wir müssen das Museum besichtigen.
● Al-yaum lâ.	Heute nicht.

turîd
1. Person Einzahl:
Ich möchte (nur eine Form):
'urîd (m+w)
2. Person Einzahl:
Unterschied zwischen:
turîd (m)
turîdî (w)

Tipp: *-î* meist Endung für 2. Person Einzahl (w)!

fî
heißt hier: „durch".

lâzim
wörtlich: „notwendig", auf Deutsch: „müssen", „brauchen":
Lâzim 'atakallam al-lugha al-arabiya: Ich muss Arabisch sprechen.
Lâ lâzim nazûr al-mathaf: Wir brauchen das Museum nicht zu besichtigen. Beachten Sie die Konstruktion „muss" + „ich spreche".

Übungen

Ich kenne das alles nicht ...
*Lâ 'a*rif* heißt auch „ich weiß nicht“.

1. Ich kenne nicht ...

1/35

*Lâ 'a*rif* ***al-djâmi* al-kabîr.***

1. al-djâmi* al-kabîr
2. al-mathaf
3. as-sûq
4. maktab al-barîd
5. al-lugha al-*arabiyya
6. Jonas s-swîsrî

Zweifeln Sie nicht: auch Mehrfachantworten sind möglich.
Vielleicht sogar mehrere Mehrfachantworten ...

2. Welche Erwiderung passt?

1. Hal naqûm bi-djaula fi l-madîna al-qadîma?
   a ☐ Tayyib.
   b ☐ 'ilâ 'ayn turîd 'an adhhab?
2. Mâ ra'y-ak?
   a ☐ 'urîd 'an nadhhab 'ila l-mathaf al-yaum.
   b ☐ Lâ 'a*rif.
3. Turîd 'an nadhhab 'ilâ s-sûq 'aydan?
   a ☐ Li-mâdha lâ?
   b ☐ Lâ 'urîd.
4. Lâzim nazûr al-djâmi* al-kabîr.
   a ☐ Tamâm, ba*d qalîl.
   b ☐ Mumtâz, hayyâ bi-nâ.

Formulieren Sie aus den Satzteilen arabische Sätze: Turîd ...
Lassen Sie sich Zeit und schreiben Sie alles auf.

3. Möchtest du, dass ...?

1. , dass wir ins Museum gehen?
2. , dass wir den Markt besuchen?
3. , dass wir 'nen Rundgang durch die Altstadt machen?
4. , dass wir meine Oma besuchen?
5. , dass ich Brot kaufe?
6. , dass wir zum Arzt gehen?

„Müssen“, „notwendig sein“ wird meist mit *lâzim* beschrieben.

4. Müssen

Lâzim *nadhhab 'ilâ l-djâmi* al-kabîr.*

1. nadhhab 'ilâ l-djâmi* al-kabîr.
2. nazûr al-mathaf.
3. 'atakallam al-lugha al-*arabiya.
4. yatakallam ma*a Uwe.
5. 'asruf hâdhâ sh-shîk as-siyâhî.
6. 'ashtarî tawâbi*.

Hâdhâ huwa l-djâmi* al-kabîr

9 B

1/36

kabîr	groß
al-'akbar	der/die größte
'azûr	ich besichtige/ich besuche
al-'ân	jetzt
mamnû*	verboten
as-salât	das Gebet
'usawwir	ich fotografiere
mush	kein/nicht
al-mushkila	das Problem
masmûh	erlaubt, zulässig
'adjmal min	schöner als

● Yâ Oliver, hâdhâ huwa l-djâmi* al-kabîr.	Oliver, dieses ist die große Moschee.
■ Huwa kabîr djiddan.	Sie ist sehr groß.
● Huwa 'akbar djâmi* fî hâdhihi l-madîna.	Sie ist die größte Moschee in dieser Stadt.
■ Al-djâmi* djamîl djiddan. Hal mumkin 'an 'azûr-hu?	Die Moschee ist sehr schön. Ist es möglich, dass ich sie besichtige?
● Lâ, mush mumkin.	Nein, nicht möglich.
■ Lâ?	Nein?
● Al-'ân hâdhâ mamnû*. Mumkin ba*d as-salât.	Jetzt ist dies verboten. Es ist nach dem Gebet möglich.
■ Hal mumkin 'an 'usawwir-hu?	Ist es möglich, dass ich sie fotografiere?
● Mush mushkila. Hâdhâ masmûh.	Kein Problem. Das ist erlaubt.
■ Lâ 'a*rif djâmi* 'adjmal min hâdhâ.	Ich kenne keine schönere Moschee als diese.

kabîr/'akbar
= alt, bzw. älter, älteste, jedoch nur bei Menschen!

mush
„nicht", „kein", umgangssprachliche Verneinung bei Haupt- und Eigenschaftswörtern.

Möglich oder nicht möglich
mumkin: das ist möglich
mush mumkin: nicht möglich

Kein Problem
wird oft gebraucht und hat viele Varianten:
mush mushkila/lâ mushkila/ mâ fî mushkila/mâ fish mushkila/mâ kash mushkila.

Übungen

„Nicht hübsch, nicht groß, nicht hungrig“... und was sonst noch?

1. Nicht

Al-djâmi **mush** kabîr.*

1. Al-djâmi* ... kabîr.
2. Al-bint ... djamîla.
3. Marion ... djau*âna.
4. Huwa ... marîd.
5. Annegret ... ta*bâna.
6. Nahn ... mabsûtîn.

Geht das nun oder nicht? Welche Antworten lassen den Willen des Sprechers in Erfüllung gehen? Falls Sie der CD lauschen, decken Sie die Antworten ab.

2. Welche Erwiderung ist zustimmend?

1/37

1. Mumkin 'an 'azûr al-djâmi*?
   a ☐ Al-'ân hâdhâ mamnû*.
   b ☐ Li-mâdhâ lâ.
2. Mumkin 'an 'usawwir al-bint?
   a ☐ Lâ 'urîd.
   b ☐ Mush mushkila.
3. Hal mumkin 'an 'ashtarî tawâbi*?
   a ☐ Bi-kull surûr.
   b ☐ Lâ 'a*rif.
4. Mumkin 'an nadhhab 'ila l-mathaf?
   a ☐ Mumkin ba*d az-zuhr.
   b ☐ Mush mumkin al-yaum.

Diese sieben Lücken bitte mit den oben genannten Wörtern ausfüllen.

3. Was fehlt?

mush/mumkin/kabîr/'akbar/'akbar min/'an/al-'ân

1. Al-djâmi* al-kabîr ____________ djiddan.
2. Huwa ____________ djâmi* fî hâdhihi l-madîna.
3. Lâ 'a*rif djâmi* ____________ hâdhâ.
4. Hal mumkin ____________ 'azûr-hu?
5. Lâ, ____________ lâ.
6. Hal ____________ 'an 'usawwir al-djâmi*?
7. Mumkin, ____________ mushkila.

Verboten oder erlaubt, das sollte man schon wissen, sonst gibt es ein *mushkila*.

4. Verboten – erlaubt

1. Hâdhâ – (verboten).
2. Hâdhâ – (erlaubt).
3. Fî mushkila, hâdhâ – (verboten).
4. Mâ fî mushkila, hâdhâ – (erlaubt).
5. Mush mumkin, hâdhâ – (verboten).
6. Mumkin, hâdhâ – (erlaubt).

Moscheen

*Djâmi** (= Ort der Versammlung) bezeichnet vornehmlich große Moscheen, in denen freitags, also am muslimischen Feiertag, wichtige Predigten gehalten werden. Das Wort *masdjid,* von dem sich das deutsche „Moschee“ abgeleitet hat, bezeichnet dagegen alle Arten von muslimischen Gebetshäusern und heißt übersetzt „Ort der Niederwerfung“.
Muslime sollten fünfmal am Tag zu festgesetzten Zeiten beten: bei Morgendämmerung, am Mittag, am Nachmittag, bei Sonnenuntergang und am Abend. Diese Gebete können überall verrichtet werden, doch es gilt als besonders verdienstvoll, sie gemeinsam mit Glaubensbrüdern in einer Moschee auszuführen. Daher tönen zu diesen Zeiten die Gebetsrufe des *mu'adhdhin* (der Rufende = Muezzin) von allen Minaretten (von *manâra:* Lichterturm). Vor und während der Gebete sind genaue Vorschriften zu beachten, denn Beten ist eine rituelle Handlung. Neben diesen täglichen Gebeten gibt es weitere Arten von Pflichtgebeten, wie etwa die Freitagsgebete und diverse Festgebete.
Doch Moscheen gibt es weitaus mehr als Gebetshäuser. Sie sind auch Orte der Besinnung und haben eine wichtige soziale Funktion als Treffpunkt der Gläubigen. Die Atmosphäre in den meisten Moscheen ist anders als in Kirchen entspannter und zwangloser. Moscheen sind in allen Zeiten des Islam immer auch Lehrstätten gewesen. Die ersten islamischen Universitäten entstanden in Moscheen und heißen bis heute *djâmi*a.*

Gen Mekka
In den Moscheen weist eine halbrunde Wandnische *(mi_h_râb)* gen Mekka. Beim Gebet verneigen sich die Gläubigen überall in der Welt in diese Richtung.

Barfuß mit Kopftuch
Beim Besuch einer Moschee bitte beachten: Verhalten Sie sich zurückhaltend und respektvoll und lassen die Schuhe draußen lassen. Frauen müssen ein Kopftuch anziehen. Fotografieren Sie nur mit ausdrücklicher Erlaubnis, niemals aber Betende. Während der Gebetszeiten bleiben die Türen vieler Moscheen für Nichtmuslime geschlossen.

10

Einkäufe

In den verwinkelten Gassen der orientalischen Märkte findet sich ein vielfältiges Warensortiment, das vom Zahnstocher über Bekleidung bis hin zu edlen Juwelen reicht. Auch traditionelle Gegenstände und Handwerksartikel werden verkauft, der Großteil besteht jedoch aus preiswerter Bekleidung, Stoffen, Haushaltswaren, Elektroartikeln und allerlei Krimskrams.

In der arabischen Gesellschaft hat Warenhandel schon seit vorislamischer Zeit einen hohen Stellenwert. In nahezu allen Winkeln des arabischen Raumes verdingten sich arabische Kaufleute im Fernhandel, und transportierten auf traditionellen Handelswegen die edelsten Güter wie etwa Gold, Seide, Gewürze, Weihrauch, Elfenbein, Teppiche oder Pelze. Bis zur Entdeckung der Seehandelswege wurden all diese „Schätze" auf Kamele gepackt. Heute übernehmen Motorfahrzeuge einen Großteil des Transportes. Nur noch wenige kennen die alten Routen – die meis-ten modernen Karawanen ziehen nur noch in völlig abgelegene Wüstengebiete oder wickeln profitable Schmuggelgeschäfte ab.
Oliver steht der Sinn nicht etwa nach Gold, Seide oder Elfenbein, im Moment wünscht er sich lediglich eine kräftige Zigarette. *'a*t̲î-nî *ulbat sadjâyir min fad̲l-ik* (= Geben Sie mir eine Schachtel Zigaretten bitte), sagt er zu der Verkäuferin eines kleinen Gemischt-warenladens. Als Oliver dann auch noch eine arabische Zeitung kaufen möchte, staunt sie nicht schlecht: *Tatakallam al-*arabiyya mumtâz* (= Sie sprechen ausgezeichnet Arabisch), denn schließlich können nur wenige Touristen Arabisch.

10 A

a*tî-nî *ulbat sadjâyir

1/38

*ulbat as-sadjâyir	die Schachtel Zigaretten
'a*tî!	Gib!
lau samahti	wenn Sie gestatten (w)
*ind-nâ	bei uns/wir haben
al-wallâ*a	das Feuerzeug
al-kibrît	die Streichhölzer/der Schwefel
al-madjalla	die Zeitschrift
'ufaddil	ich bevorzuge
al-djarîda	die Zeitung
al-djarîda al-*arabiyya	die arabische Zeitung

● 'ahlan wa sahlan, yâ sayyid-î.	Herzlich willkommen, mein Herr.
■ 'a*tî-nî *ulbat sadjâyir min fadl-ik.	Geben Sie mir eine Schachtel Zigaretten, bitte.
● Bi-kull surûr.	Sehr gerne.
■ Lau samahti, hal *ind-akum wallâ*a?	Wenn Sie gestatten, haben Sie ein Feuerzeug?
● Mâ *ind-nâ. Wa lâkin* ind-nâ kibrît.	Haben wir nicht. Aber wir haben Streichhölzer.
■ Tayyib.	Gut.
● Tafaddal .	Bitte.
■ Shukran.	Danke.
● Hal turîd madjalla yâ sayyid-î?	Möchten Sie eine Zeitschrift, mein Herr?
■ Lâ 'urîd. 'ufaddil djarîda.	Möchte ich nicht. Ich bevorzuge eine Zeitung.
● Hal turîd djarîda *arabiyya?	Möchten Sie eine arabische Zeitung?
■ Na*am, djarîda *arabiyya min fadl-ik.	Ja, eine arabische Zeitung, bitte.

Bi-kull surûr
wörtlich: mit ganzer Freude

Wenn Sie gestatten
lau samaht: zum Mann
lau samahti: zur Frau

***ind-nâ/*ind-akum**
Präposition **ind* (= bei) + besitzanzeigende Endung in der Mehrzahl
**ind-nâ* – bei uns, wir haben
**ind-akum* – bei euch, ihr habt

Besitzanzeigende Endungen (II)
am weitesten verbreitet sind für die Mehrzahl:
**â'ilat-nâ:* unsere Familie
**â'ilat-akum:* eure Familie
**â'ilat-hum:* ihre Familie
Bei weiblichen Hauptwörtern steht eine *-t*-Endung.
Nach einem langen *î/y* am Ende des Hauptwortes ändert sich die Aussprache.
Mehr Informationen gibt's im Grammatikteil.

Übungen

Bitte verneinen Sie. Zur Erinnerung: Sätze mit **ind* werden mit *mâ* verneint.

1. Wir haben keine

1/39

Mâ *ind-nâ *djarîda *arabiyya.*

1. Hal *ind-akum djarîda *arabiyya?
2. Hal *ind-akum madjalla?
3. Hal *ind-akum wallâ*a?
4. Hal *ind-akum kibrît?
5. Hal *ind-akum bitâqât?
6. Hal *ind-akum t̲awâbi* khâs̲s̲a?

Auf die Erwiderungen, fertig, los!

2. Welche Erwiderung passt?

1. 'a*t̲î-nî *ulbat sadjâyir.
   a ☐ 'a*t̲î-nî *ulbat sadjâyir.
   b ☐ Bi-kull surûr.
2. Hal *ind-akum wallâ*a?
   a ☐ Mâ *ind-nâ.
   b ☐ At-tauqî* hunâ min fad̲l-ik.
3. Hal turîd djarîda?
   a ☐ 'ufad̲d̲il madjalla.
   b ☐ Bi-l-barîd al-djawwî.
4. Hal turîd djarîda *arabiyya?
   a ☐ Bi-khayr.
   b ☐ Na*am.

Nummerieren Sie die Sätze so durch, dass ein vernünftiger Dialog entsteht.

3. Die richtige Reihenfolge

Wa *ulbat sadjâyir min fad̲l-ak.
Tafad̲d̲alî.
'ahlan wa sahlan yâ sayyidat-î.
'a*t̲î-nî hâdhihi l-djarîda min fad̲l-ak.

Ordnen Sie bitte zu, was man zu einer Frau sagt und was zu einem Mann. Die kleinen, aber feinen Unterschiede sind entscheidend.

4. Was wird zu wem gesagt?

1. Zur Frau:
2. Zum Mann:

a ☐ 'urîd 'an ashtarî t̲awâbi* min fadl-ik.
b ☐ Lau samah̲t mumkin 'us̲awwir-ak.
c ☐ Tafad̲d̲al.
d ☐ 'urîd 'an ashtarî t̲awâbi* min fad̲l-ak.
e ☐ Lau samah̲ti mumkin 'usawwir-ik.
f ☐ Tafad̲d̲alî.

urîd
Also, was möchten Sie? Betrachten Sie alle Dinge als unbestimmt, Sie brauchen sich also nicht um ein Zahlwort zu kümmern.

5. Ich möchte ...

1. eine Schachtel Zigaretten
2. ein Feuerzeug
3. Streichhölzer
4. eine Zeitung

Tatakallam al-*arabiyya mumtâz

1/40

as-sâ'ih	der Tourist
tatakallam	du sprichst
'uhibb	ich liebe, ich mag
fi*lan	tatsächlich
dâ'iman	immer, ständig
al-flûs as-saghîra	das Kleingeld, das Wechselgeld
ma*a l-'asaf	mit dem Bedauern
muhimm	wichtig
khudh/-î!	Nimm! (m/w)
al-bâqî	das Übrige, das Fehlende, der Rest
fî 'amân 'i 'allâh	im Schutze Gottes

● Hal 'ant sâ'ih, yâ sayyid-î?	Sind Sie Tourist, mein Herr?
■ Na*am, 'anâ sâ'ih.	Ja, ich bin Tourist.
● Tatakallam al-*arabiyya mumtâz.	Sie sprechen ausgezeichnet arabisch.
■ Shukran. 'uhibb 'an 'atakallam al-lugha al-*arabiyya.	Danke. Ich mag die arabische Sprache sprechen.
● Fi*lan? Hunâ sa-tatakallam al-*arabiyya dâ'iman.	Tatsächlich? Hier werden Sie ständig arabisch sprechen.
■ Tafaddalî al-flûs li-s-sadjâyir wa l-djarîda.	Bitte, das Geld für die Zigaretten und die Zeitung.
● Oh, lau samaht, *ind-ak flûs saghîra?	Oh, wenn Sie gestatten, haben Sie Kleingeld?
■ Ma*a l-'asaf, mâ *ind-î.	Mit Bedauern, habe ich nicht.
● Mâ fî flûs saghîra li-l-bâqî?!	Es gibt kein Kleingeld für den Rest?!
■ Musch muhimm. Khudhî al-bâqî.	Nicht wichtig. Nehmen Sie den Rest.
● Fî 'amân 'i 'allâh, yâ sayyid-î.	Im Schutze Gottes, mein Herr.

Schutz und Segen
Fî 'amân 'i 'allâh:
Im Schutze Gottes
Barakat 'allâh fî-k:
Gottes Segen sei mit dir

Typischer Small Talk
Hal 'ant sâ'ih?:
Sind Sie Tourist?
*Na*am, 'anâ sâ'ih.*:
Ja, ich bin Tourist.
Min 'ayn 'ant?:
Woher kommen Sie?
'anâ min 'almâniyâ:
Ich komme aus Deutschland.
*Hal tatakallam al-*arabiyya?*:
Sie sprechen arabisch?
Qalîl/Shwayya:
Ein wenig.
Mumtâz!:
Ausgezeichnet!

Übungen

1. Sind Sie Tourist?

Sind Sie Tourist? Diese Frage hört man oft, wenn man auf Reisen ist. Füllen Sie die Lücken dieses typischen Dialogs zwischen einem Araber (linke Seite) und zwei Touristen (rechte Seite) mit den Wörtern aus der Liste.

min / mush / 'anâ / 'anti / 'ant / 'ahlan / sâ 'iha

1. Hal 'anti sâ'iha?	Na*am, 'anâ __________
2. Hal 'anti __________ 'almâniyâ?	Lâ, 'anâ mush min 'almâniyâ.
3. Min 'ayn 'anti?	__________ min an-nimsâ.
4. Kwayyis __________ nimsâwiyya.	Na*am, 'anâ nimsâwiyya.
5. Wa 'ant? 'ant min an-nimsâ 'aydan?	Lâ, 'anâ ______ min an-nimsâ.
6. Min 'ayn __________	'anâ min swîsrâ.
7. Kwayyis 'ant swîsrî.	__________ wa sahlan.

2. Welche Erwiderung passt?

Wie gehabt: die nahe liegende Antwort wird gesucht.

1/41

1. Hal 'ant sâ'ih?
   - a ☐ Mâ *ind-î.
   - b ☐ Lâ, 'anâ mush sâ'ih.
2. Tafaddalî al-flûs.
   - a ☐ Min fadl-ik.
   - b ☐ Shukran djazîlan.
3. *ind-ak flûs saghîra?
   - a ☐ Ma*a l-'asaf.
   - b ☐ Fî maktab al-barîd.
4. Khudhî al-bâqî.
   - a ☐ Fî 'amân 'allâh.
   - b ☐ Musch muhimm.

3. Wenn Sie gestatten ...?

Lau samahti ...
Wenn Sie gestatten, füllen Sie bitte diese Lücken aus. Achten Sie darauf, ob Sie einen Mann oder eine Frau ansprechen. Bei 2.–4. geht beides.

Lau samahti, **ind-ik flûs saghîra?*

1. *ind-ik flûs saghîra?
2. *ind-akum bayd?
3. 'ayn al-mathaf?
4. 'ayn shâri* as-salâm?
5. tatakallam al-*arabiyya?

4. Mit Bedauern

*Ma*a l-'asaf* heißt „mit dem Bedauern" und verändert sich nicht.

Ma*a l-'asaf, *mâ *ind-î flûs saghîra.*

1. mâ *ind-î flûs saghîra.
2. mâ *ind-nâ bayd.
3. lâ 'a*rif al-mathaf.
4. lâ 'a*rif hâdhihi l-madîna.
5. lâ 'atakallam al-*arabiyya.

Sûq

10

Das traditionelle Marktviertel – *as-sûq* – ist in nahezu allen arabischen Ländern das Zentrum des lokalen Handels. Hier erlebt der Besucher „Orient pur" mit all seinen wechselnden Eindrücken. Schon in frühislamischer Zeit hatten Märkte einen hohen Stellenwert in der arabischen Gesellschaft, nicht zuletzt, weil der Prophet Muḫammad Sohn eines Kaufmannes war.
Die historischen *aswâq* (Mehrzahl von *sûq*) sind in abgegrenzten Vierteln untergebracht, die in vergangenen Zeiten des Nachts oftmals durch mächtige Tore verschlossen wurden.
In diesen Bezirken sind Geschäfte und Werkstätten dicht an dicht untergebracht jedoch nach Warengruppen oder Zünften getrennt: In einer Gasse werden Schmiedearbeiten angefertigt, in einem benachbarten Viertel Seile, Matten, Töpferartikel, Satteltaschen oder Wasserpfeifen hergestellt. In einem anderen Bereich werden Bekleidung und Stoffe feilgeboten, in einem weiteren Silberwaren, Pökelfisch, Gewürze, Nüsse und Trockenobst, Naturheilmittel oder Kosmetika angepriesen.
Daneben gibt es *aswâq* für Obst und Gemüse, Fleisch, Fisch oder Tiere sowie Wochenmärkte, die meist unter freiem Himmel stattfinden. Durch die Marktviertel ziehen sich schmale Gassen, die oftmals überdacht sind und so vor den sengenden Sonnenstrahlen schützen.

Kundenfreundlich
Der *sûq* ist nicht nur nach Branchen und Gewerben geordnet, auch Kundenbedürfnisse werden beachtet. Es finden sich spezielle Ladenreihen für Frauen (Stoffe, Kurzwaren, Kinderkleidung, Kosmetik) ländliche Kundschaft (Agrargeräte), Gläubige (religiöse Schriften) oder ausländische Touristen (Kunstgewerbe, Antiquitäten, Schmuck, Teppiche).

bazar* und *sûq
sind das Gleiche, doch das Wort *bazar* ist persischen Ursprungs.

11

Original orientalisch

Ausgesprochen gesund
Beim Würzen wird der gesundheitliche Aspekt stark berücksichtigt. Viele Rezepte und eine spezielle Gewürzlehre haben sich über Jahrhunderte bis heute erhalten.

Ein Erlebnis der besonderen Art verspricht der Bummel über einen orientalischen Gewürzmarkt: Pfeffer, Paprika, Curry, Kreuzkümmel, Koriander, Kardamom, Kurkuma, Ingwer, Gewürznelken, Muskatnüsse, getrocknete Fische, Kräuter, Chilischoten, Knoblauch und Limonen – alles wird in großen Säcken oder Kisten angeboten. Unzählige Gläser und Tiegel bergen eine breite Palette von natürlichen Heilmitteln – gegen jedes Zipperlein hat die orientalische Heilkunde das passende Kraut parat. Auch Reis, Nüsse, Rosinen, Kaffeebohnen und verschiedenste Teesorten kann man kaufen.
Auf ihrem Streifzug durch den *sûq* kommen Oliver und Khalîl auch an einem Gewürzgeschäft vorbei. Oliver ist begeistert und fragt sich durch das halbe Sortiment: *Mâ hâdhâ ... mâ hâdhâ ...?* (= Was ist das ... was ist das ...?) Die Geduld des Ladeninhabers ist groß und wird durch einen Kaufabschluss belohnt: *'urîd kîs hayl wa *ashara grâm za*farân* (= Ich möchte eine Tüte Kardamom und zehn Gramm Safran).
Im Nachbarshop entdeckt Oliver einen kleinen Holztisch mit schönen Einlegearbeiten: **amal yad mumtâz* (= ausgezeichnete Handarbeit), bemerkt Khalîl sofort. Aber die Farbe gefällt Oliver gar nicht. Wortreich und nicht um Argumente verlegen lobt der Händler seine Ware natürlich über alles. So braucht Oliver einige höfliche Gegenargumente, um ihn davon zu überzeugen, dass dieser Tisch doch nicht das Richtige ist.

Bi-kam az-za*farân?

2/1

mâ hâdhâ?	Was ist das?
as-simsim	der Sesam
al-hayl	der Kardamom
ath-thûm	der Knoblauch
s̲ah̲îh̲	richtig, wirklich
al-kazbara	der Koriander
rakhîs̲a	billig
az-za*farân	der Safran
ghâlî	teuer
al-kîs	die Tüte, der Beutel
*ashara	zehn
al-grâm	das Gramm

●	Yâ sayyid-î, lau samah̲t, mâ hâdhâ?	Mein Herr, wenn Sie gestatten, was ist das?
■	Hâdhâ simsim wa hâdhâ hayl.	Das ist Sesam und das ist Kardamom.
●	Wa hâdhâ thûm, s̲ah̲îh̲?	Das ist Knoblauch, richtig?
■	S̲ah̲îh̲, yâ sayyid.	Richtig, der Herr.
●	Bi-kam al-kazbara?	Wie viel kostet der Koriander?
■	Al-kazbara rakhîs̲a.	Der Koriander ist billig.
●	Wa hâdhâ? Mâ hâdhâ?	Und dieses? Was ist das?
■	Hâdhâ za*farân.	Das ist Safran.
●	Bi-kam az-za*farân ?	Wie viel kostet der Safran?
■	Hûwa ghâlî.	Er ist teuer.
●	'urîd kîs hayl wa *ashara grâm za*farân.	Ich möchte eine Tüte Kardamom und zehn Gramm Safran.

mâ hâdhâ?
„Was ist das?", bleibt immer gleich, egal wonach man fragt.

Tipp:
Endet das männliche Eigenschaftswort auf *-î/-y*, dann bildet man das weibliche mit *-iya*.

rakhîs̲ + ghâlî
Wichtig beim Handeln:
billig + teuer
rakhîs (m)/*rakhîsa* (w)
ghâlî (m)/*ghâliya* (w)

grâm
= das Gramm: gesprochen wird meist nur die Einzahl.

Übungen

Mâ hâdhâ?
Was ist das? Übersetzen Sie den Begriff in Klammern und schon wissen Sie die Antwort. *Hâdhâ* ...

1. Was ist das?

Hâdhâ simsim.

1. Sesam
2. Knoblauch
3. Kardamom
4. Koriander
5. Safran

Nur eine Antwort ergibt einen Sinn.

2. Welche Erwiderung passt?

1.	Mâ hâdhâ?	a ☐	Hâdhâ simsim.
		b ☐	Ba*d az̲-z̲uhr.
2.	Bi-kam al-hayl?	a ☐	Huwa thalâth sanawât.
		b ☐	Huwa rakhîs̲.
3.	'urîd 'an ashtarî *ashara grâm min al-kazbara.		
		a ☐	Ma*a al-bayd̲.
		b ☐	Faqat̲ *ashara grâm?!

Suchen Sie die passenden Paare.

3. Was passt zusammen?

1.	Al-hayl li-sh-shây?	a ☐	Tafad̲d̲alî, ath-thûm.
2.	urîd 'an ashtarî thûm.	b ☐	Hâdhâ za*farân.
3.	Bi-kam al-kîs?	c ☐	S̲ah̲îh̲, yâ sayyidat-î, hâdhâ hayl.
4.	a*t̲î-nî *ashara grâm kazbara.	d ☐	Na*am, li-sh-shây.
5.	Mâ hâdhâ?	e ☐	*ishrîn lîra faqat̲.
6.	Wa hâdhâ hayl, s̲ah̲îh̲?	f ☐	Kam? *ashara grâm?

Die Frage nach dem Preis ist nicht ganz unwichtig. Wie sagen Sie auf Arabisch „Für wie viel?" ...

4. Was kostet ...?

2/2

Bi-kam ***al-hayl?***

1. al-hayl?
2. ath-thûm?
3. az-za*farân?
4. al-kazbara?
5. as-simsim?

Teuer oder billig? Denken Sie daran, an gegebener Stelle die weibliche Form zu nehmen.

5. Teuer – billig

1. Al-hayl ____________________ (teuer).
2. Ath-thûm ____________________ (billig).
3. Az-za*farân ____________________ (teuer).
4. Al-kazbara ____________________ (billig).
5. As-simsim ____________________ (billig).

*amal yad mumtâz

2/3

at-tâwila	der Tisch
*amal al-yad	die Handarbeit
bunnî	braun
mithl	gleich
sawdâ'	schwarz
yâ khasâra	oh, schade
thaqîla	schwer
khamsata *ashar	15
'ithnâ *ashar	12
al-kîlû	das Kilogramm

● Shûf, yâ sayyid-î, hâdhihi t-tâwila l-djamîla.	Schauen Sie, mein Herr, dieser schöne Tisch.
■ Na*am?	Ja?
● *amal yad mumtâz.	Ausgezeichnete Handarbeit.
■ Wa lâkin lâ 'uhibb al-bunnî.	Aber ich mag Braun nicht.
● Yâ khasâra.	Oh, Schade.
■ Fî tâwila mithl hâdhihi sawdâ'?	Gibt es diesen gleichen Tisch in Schwarz?
● Sawdâ'? Hâdhihi? Ma*a l-'asaf, lâ.	Schwarz? Diesen? Mit Bedauern, nein.
■ Yâ khasâra.	Oh, schade.
● Wa lâkin hâdhihi t-tâwila djamîla.	Aber dieser Tisch ist schön.
■ Hiya kabîra djiddan.	Er ist sehr groß.
● Lâ, hiya mush kabîra.	Nein, er ist nicht groß.
■ Wa lâkin-hâ thaqîla djiddan.	Aber er ist sehr schwer.
● Hiya mush thaqîla, khamsata *ashar – lâ, 'ithnâ *ashar kîlû faqat.	Er ist nicht schwer, 15 – nein, 12 Kilo nur.
■ Shukran, lâ 'urîd 'an 'ashtarî t-tâwila.	Danke, ich möchte den Tisch nicht kaufen.

Zahlen 11–19

11	*'ihda *ashar*
12	*'ithnâ *ashar*
13	*thalatha *ashar*
14	*'arba*ata *ashar*
15	*khamsata *ashar*
16	*sitta *ashar*
17	*sab*ata *ashar*
18	*thamanta *ashar*
19	*tis*ata *ashar*

Unterscheidung m/w bei den Zahlworten 11–19:
Hocharabisch: ja!
Alltagssprache: nein!

Einzahl oder Mehrzahl nach Zahlen?
Schwierig! Im Sprachgebrauch oft anders als die hocharabische Grammatik. Viele Regionen haben Eigenheiten und viele Araber sprechen „frei Schnauze".
1: Einzahl (siehe 8B)
2: Dual (siehe 14A)
3–10: Mehrzahl (siehe 8B)
ab 11: Einzahl
Ausschlaggebend: letztes Zahlenelement!

Währungseinheiten
werden verbal meist nach Einzahl und Mehrzahl unterschieden.

Übungen

Einfach die Zahlen von 11 bis 19 anhören, nachsprechen und am besten mehrmals wiederholen.

1. Bitte nachsprechen

2/4

1. *ashara
2. 'iẖda *ashar
3. 'ithnâ *ashar
4. thalatha *ashar
5. arba*ata *ashar
6. khamsata *ashar
7. sitta *ashar
8. sab*ata *ashar
9. thamanta *ashar

Mal eine etwas andere Aufgabenstellung: Welche Aussage hat einen gegenteiligen Inhalt?

2. Was ist das Gegenteil, a oder b?

1. Hâdhihi ṯâwila djamîla.
   - a ☐ Hiya djamîla djiddan.
   - b ☐ Aṯ-ṯâwila mush djamîla.
2. Aṯ-ṯâwila kabîra djiddan.
   - a ☐ S̱aẖîẖ.
   - b ☐ Lâ, hiya mush kabîra.
3. Aṯ-ṯâwila thaqîla.
   - a ☐ Shûf, hiya mush thaqîla.
   - b ☐ Hiya thaqîla djiddan.
4. Lâ 'uẖibb al-bunnî.
   - a ☐ S̱aẖîẖ, al-bunnî mush djamîl.
   - b ☐ Mush s̱aẖîẖ, al-bunnî djamîl, djamîl djiddan.

Bitte geben Sie die entsprechenden Zahlen an. Einzahl oder Mehrzahl ist bei *kîlû* egal.

3. 10 bis 19

1. 15 Kilo
2. 12 Kilo
3. 14 Kilo
4. 19 Kilo
5. 11 Kilo
6. 17 Kilo
7. 13 Kilo
8. 18 Kilo

Acht einsame Worte suchen ihren Satz.

4. Dialog mit Lücken

bunnî / thaqîla / mithl / khasâra / 'asaf / 'ashtarî / djiddan / mush

1. Fî ṯâwila ______________ hâdhihi sawdâ'?
2. Ma*a l-______________, lâ. Wa lâkin hâdhihi t-ṯâwila djamîla.
3. Wa lâkin-hâ ______________.
4. Hiya ______________ thaqîla, khamsata *ashar kîlû faqaṯ.
5. Khamsata *ashar kîlû! Aṯ-ṯâwila thaqîla ______________!
6. Wa lâkin hiya djamîla wa l-________ djamîl. *amal yad mumtâz.
7. Shukran, lâ 'urîd 'an ______________ ṯ-ṯâwila. Ma*a s-salâma.
8. Yâ ______________.

Traditionelles Kunsthandwerk

11

Seit jeher stellen die Kunsthandwerker vorwiegend Haushaltsartikel und Gebrauchsgegenstände her. Besonders bei den Beduinen, Fischern und Oasenbewohnern gibt es nur wenig Geld: Die Haushalte sind nur mit dem nötigsten ausgestattet, es gibt kaum Platz für Zierrat. Deshalb galt es die Alltags- und Gebrauchsgegenstände zu verschönern – so wurden Handwerker zu Künstlern.
Vieles wurde und wird auch heute noch von den Familienmitgliedern aus lokal vorhandenen Materialien selber gefertigt: Zeltbahnen, Teppiche und Decken aus Ziegenhaar oder gefärbter Wolle gewebt; Zierbänder von Trachten, Stickereien an Kleidern oder Frauenhosen aus bunten Fäden geklöppelt; Körbe, Matten und Seile aus Binsengras oder Palmfasern geflochten; Kamel- oder Pferdesättel, Wassersäcke und Schuhe aus Ziegenleder geschustert sowie Krüge und Töpfe aus Ton geformt. Was nicht selber hergestellt werden konnte, produzierten professionelle Handwerker. So etwa Kupfer- und Messingwaren wie Kannen, Kessel, Tabletts und Döschen; Musikinstrumente wie Lauten, Trommeln oder Flöten sowie Waffen wie Vorderlader, Schwerter, Messer und Dolche.

Als Souvenir beliebt:
Kaffeekannen mit Schnabelausguss, historische Vorderlader-Gewehre, Dolche und Schwerter, antike Holztruhen, handgeknüpfte Teppiche, Lederwaren, Kupfer- und Messingarbeiten, Trachten, Matten und Körbe aus Palmblättern, Töpferwaren.

12

Souvenirs, Souvenirs

Sitte
Die urarabische Tradition, durch Feilschen einen guten Preis zu erzielen, sollten Reisende unbedingt nutzen. Über den Warenpreis zu reden ist nahezu überall ausdrücklich erwünscht, auch bei fliegenden Händlern oder in Goldgeschäften und exklusiven Boutiquen. Festpreise gelten meist nur für Lebensmittel.

Unsitte
Handeln sollte eigentlich nichts mit „Halsabschneiderei" zu tun haben, obwohl man in vielen Touristengegenden einen anderen Eindruck bekommen könnte.

Oliver möchte Andenken für seine Familie kaufen. Aber Kaufen beinhaltet in arabischen Ländern meist auch Handeln. Besonders beim Andenkenkauf muss man feilschen, es gehört einfach dazu – auch in Souvenirläden, in denen ein großes Schild angebliche „Fixed Prices", also Festpreise, verspricht.

Oliver sieht eine sehr schöne silberne Halskette, die er gerne seiner Frau schenken würde. Doch: *Hâdhâ ghâlî djiddan!* (= Das ist sehr teuer!), sagt er, als er die astronomische Preisvorstellung des Verkäufers hört. So viel möchte Oliver nicht bezahlen – im Grunde weiß ohnehin jeder, dass das zuerst genannte Angebot nur ein handelsstrategischer Einstieg ist. *Al-*iqd mumtâz* (= die Halskette ist ausgezeichnet), lobt der Geschäftsmann seine Ware. Doch Oliver versteht sich auf die Kunst des Handels, so folgt jedem niedrigeren Angebot sein Gegenangebot und schließlich einigt man sich in der Mitte: *Hâdhâ maqbûl, yâ sayyid* (= das ist akzeptabel, mein Herr), besiegelt der Händler das Geschäft.

Durch faires und phantasievolles Handeln steigert der Käufer sein Prestige. Dabei sollte es stets freundlich, niemals aber aggressiv zugehen. Den Versuch zu feilschen werden arabische Händler mit einem verschmitzten, aber einladenden Lächeln beantworten. Wer allerdings keinen Preisnachlass anstrebt, dem wird nur selten einer eingeräumt. Dann freuen sich die Händler über ihre hohe Gewinnspanne und denken sich ihren Teil über das Unvermögen des Käufers. Beim Handeln hilfreich sind Fingerspitzengefühl und Redegewandtheit. Oberstes Gebot ist, dass es von einem einmal gemachten Angebot kein Zurück mehr gibt.

Hal al-*iqd min al-fidda?

2/5

al-*iqd	die Halskette
taht 'amr	zu Diensten (unter Befehl)
al-fidda	das Silber
qadîm	alt
at-tadhkâr	das Andenken
thalâth mi'a wa thalâthîn	330
'u*tî-k	ich gebe dir
mâdhâ	was
mi'a wa *ashar	110

● As-salâm *alay-kum.	Friede sei mit dir.
■ Wa *alay-kum as-salâm. Taht 'amr-ak yâ sayyid-î.	Und der Friede sei mit dir. Zu Diensten, mein Herr.
● Lau samaht, hal hâdhâ l-*iqd min al-fidda?	Wenn Sie gestatten, ist diese Halskette aus Silber?
■ Na*am, huwa min al-fidda.	Ja, sie ist aus Silber.
● Huwa qadîm?	Ist sie alt?
■ Na*am, al-*iqd qadîm djiddan.	Ja, die Kette ist sehr alt.
● Huwa tadhkâr djamîl li-zawdjat-î.	Sie ist ein schönes Andenken für meine Frau.
■ Al-*iqd rakhîs, rakhîs djiddan.	Die Halskette ist billig, sehr billig.
● Bi-kam?	Für wie viel?
■ Faqat thalâth mi'a wa thalâthîn lîra.	Nur 330 Pfund.
● Mâdhâ? Hâdhâ ghâlî djiddan! 'u*tî-k mi'a wa *ashar lîrât.	Was? Das ist sehr teuer! Ich gebe dir 110 Pfund.
■ Ma*a l-'asaf, hâdhâ mush mumkin.	Mit Bedauern, das ist nicht möglich.

Zehnerzahlen von 20 bis 90
haben für (m) und (w) die Mehrzahlendung *-în:*

Zahl	Wort (m+w)
20	**ishrîn*
30	*thalâthîn*
40	*'arba*în*
50	*khamsîn*
60	*sittîn*
70	*sab*în*
80	*thamânîn*
90	*tis*în*
100	*mi'a*

Einer vor Zehner
Die Verbindung der einzelnen Zahlen erfolgt durch *wa*, die Einerzahlen kommen zuerst. Vor glatten Zehnerzahlen 20–90 werden meist nur die männlichen Formen der Einerzahlen 1–9 gesprochen:
'ithnîn wa ishrîn = 22
thamâniya wa thamânîn = 88

Indische oder arabische Zahlen?
Hinweise zu den in den arabischen Ländern gebräuchlichen Zahlzeichen finden Sie im Anhang auf Seite 159.

Übungen

Einfach die Zahlen von 20 bis 100 anhören, nachsprechen und am besten mehrmals wiederholen.

1. Bitte nachsprechen

2/6

1. *ishrîn
2. thalâthîn
3. 'arba*în
4. khamsîn
5. sittîn
6. sab*în
7. thamânîn
8. tis*în
9. mi'a

Zwei Antworten wären zuviel des Richtigen ...

2. Welche Erwiderung passt?

2/7

1. Hal hâdhâ l-*iqd min al-fidda?
   - a ☐ Na*am, huwa min al-fidda.
   - b ☐ Na*am, hiya min al-fidda.
2. Hal al-*iqd qadîm?
   - a ☐ Al-*iqd sawdâ'.
   - b ☐ Huwa qadîm djiddan.
3. Bi-kam al-*iqd?
   - a ☐ Huwa tadhkâr djamîl li-zawdjat-î.
   - b ☐ Al-*iqd rakhîs djiddan.
4. 'u*tî-k mi'a wa *ashar lîrât?
   - a ☐ Hâdhâ mush mumkin.
   - b ☐ Wa kîlû simsim.

Hier heißt es immer *lîra*, denn ab elf stehen alle gezählten „Gegenstände" in der Einzahl (die Mehrzahl heißt lîrât).

3. Zehnerzahlen

1. 40 Pfund
2. 90 Pfund
3. 30 Pfund
4. 50 Pfund
5. 70 Pfund
6. 60 Pfund
7. 20 Pfund
8. 100 Pfund

Bitte übersetzen Sie. Wenn Sie nicht weiter wissen, dürfen Sie schon schummeln und in den Dialog schauen, doch manches ist anders, also Vorsicht ...

4. Auf Arabisch bitte

1. Ist diese Halskette aus Silber?
2. Ja, sie ist aus Silber.
3. Ist diese Halskette alt?
4. Ja, sie ist sehr, sehr alt.
5. Aber sehr, sehr teuer, richtig?
6. Nein die Halskette ist billig. 110 Pfund nur.
7. Was? Wirklich? Mit Bedauern, das ist sehr teuer.

Käufer und Händler können gegenteiliger Meinung sein. Immer fleißig argumentieren ist beim Handeln wichtig, also üben Sie schon einmal: *Al-*iqd* ... (die Halskette ist ...)

5. Argumente und Gegenargumente

1. sehr alt
2. nicht alt
3. sehr schön
4. nicht schön
5. sehr billig
6. nicht billig
7. sehr teuer
8. nicht teuer

Hâdhihi mubâlagha!

2/8

al-mubâlagha	die Übertreibung
wa llâh!	Bei Gott, wahrlich!
mi'a wa tis*în	190
mi'atayn wa thamânîn	280
rubbamâ	vielleicht
tuhibb	sie liebt
mi'atayn wa 'arba*în	240
maqbûl	akzeptabel, einverstanden
ash-shay'	das Ding, die Sache/etwas

● Thalâth mi'a wa thalâthîn lîra li-hâdhâ l-*iqd?!	330 Pfund für diese Halskette?!
■ Na*am!	Ja!
● Hâdhihi mubâlagha!	Dies ist eine Übertreibung!
■ Mush mubâlagha! Wa llâh!	Keine Übertreibung! Bei Gott!
● 'a*tî-k mi'a wa tis*în lîra.	Ich gebe dir 190 Pfund.
■ 'a*tî-nî mi'atayn wa thamânîn. Zaudjat-ak sa-tuhibb al-*iqd.	Gib mir 280. Deine Frau wird die Halskette lieben.
● Rubbamâ ...	Vielleicht ...
■ Al-*iqd mumtâz. Wa qadîm djiddan, djiddan.	Die Halskette ist ausgezeichnet. Und sehr, sehr alt.
● Wa lâkin huwa ghâlî djiddan djiddan.	Aber sie ist sehr, sehr teuer.
■ Lâ, yâ sayyid.	Nein, mein Herr.
● Mi'atayn wa 'arba*în lîra?	240 Pfund?
■ Hâdhâ maqbûl. Mâdhâ turîd 'aydan?	Das ist akzeptabel. Was möchten Sie außerdem?
● Lâ shay', shukran.	Nichts, danke.

Glatte Hunderterzahlen
Einerzahl (f) + Zahlwort *mi'a* (100). Die Zahlworte stehen vor dem Gezählten.

Zahl	Wort (m+w)
200	*mi'atayn*
300	*thalâth mi'a*
400	*arba* mi'a*
500	*khams mi'a*
600	*sitt mi'a*
700	*sab* mi'a*
800	*thamân mi'a*
900	*tis* mi'a*
1000	*'alf*

Zahlen vor *mi'a:* immer weiblich (*mi'a* = w)
Zahlen vor *'alf* : immer männlich (*'alf* = m)

Zusammengesetzte Zahlen ab 100
Das letzte Zahlenelement bestimmt die Form. Zehnerstellen werden mit *wa* an die Hunderter oder Tausender gehängt:
333 = *thalâth mi'a thalâtha wa thalâthîn*

Nicht verwechseln:
shay': Ding, Sache
shây: Tee

Bei Gott
wa llâh: bei Gott, wahrlich, (auch Schwur)
yâ 'ilâh-î: o mein Gott, ach du liebe Zeit

Übungen

Auch diese Hunderterzahlen bitte immer schön deutlich nachsprechen und am besten öfters wiederholen.

1. Bitte nachsprechen

2/9

1. mi'atayn
2. thalâth mi'a
3. 'arba* mi'a
4. khams mi'a
5. sitt mi'a
6. sab* mi'a
7. thamân mi'a
8. tis* mi'a
9. 'alf

Aufgepasst: die Fehlerteufel haben diesmal im Detail gewütet.

2. Welche Erwiderung passt?

1. Al-*iqd rakhîs, thalâth mi'a wa thalâthîn lîra.
   a ☐ Hâdhihi mubâlagha!
   b ☐ Hâdhâ mubâlagha!
2. 'u*tî-k mi'a wa tis*în lîra.
   a ☐ Al-*iqd mumtâz.
   b ☐ Al-*iqd mumtâza.
3. 'a*tî-nî mi'atayn wa thamânîn lîra.
   a ☐ 'Lâ, 'urîd 'an 'ashtarî al-*iqd li-mi'atayn wa thamânîn lîra.
   b ☐ Lâ, 'urîd 'an 'azûr al-*iqd li-mi'atayn wa thamânîn lîra.
4. Mi'atayn wa 'arba*în lîra?
   a ☐ Hâdhâ maqbûl.
   b ☐ Hâdhihi maqbûl.

Diese Währungseinheit heißt auf Arabisch im Singular *lîra* und im Plural *lîrât* und ist weiblich.

3. Wie teuer?

1. 400 Pfund
2. 200 Pfund
3. 600 Pfund
4. 800 Pfund
5. 980 Pfund
6. 570 Pfund
7. 710 Pfund
8. 150 Pfund

Nehmen Sie bitte, soweit nicht durch eine vorstehende Zahl anders erfordert, die männlichen Zahlwörter.

4. Welche Zahl?

1. 17
2. 45
3. 98
4. 260
5. 110
6. 666
7. 834
8. 3333

Oje! Jetzt heißt es alles über die Zahlen zu bedenken: Männlich oder weiblich, Einzahl oder Mehrzahl, Einer vor oder nach Hundertern?

5. Wie viel wovon?

1. 65 Gramm (m)
2. 578 Kilo (m)
3. 8 Briefmarken (m)
4. 9 Postkarten (w)
5. 508 Pfund (w)
6. 9740 Pfund (w)
7. 64 Tische (w)
8. 555 Fotos (w)

Silber

Viele Araber messen Silber eine mystische Bedeutung zu. Sie glauben, es würde den, der es an seinem Körper trägt, vor bösen Blicken schützen. Als Talisman oder Amulett soll es schlechte Einflüsse fern halten, Glück und Gesundheit bringen – verstärkt wird diese Kraft durch das Einarbeiten von anderen „magischen" Materialien wie Zähnen, Münzen, Edelsteinen oder Korallen.
Bis noch vor wenigen Jahren besaß Silber auch eine wichtige materielle Funktion. Der Besitz des Edelmetalles bedeutete Reichtum und Absicherung, in vielen Familien, insbesondere bei den Beduinen, war der größte Teil des Vermögens in Silberschmuck angelegt. Nicht zu vergessen die große soziale Bedeutung, die wertvoller Schmuck und Juwelen in der arabischen Gesellschaft bis heute haben. Edle Geschmeide stellen einen Großteil der Mitgift dar, also des Vermögens, das von der Familie des Bräutigams an die Braut und ihre Eltern zu zahlen ist. So sichern sie die Frau im Falle des Todes ihres Gatten oder einer Scheidung finanziell ab. Außerdem bedeutet Schmuck Wohlstand und verleiht nicht nur Frauen, sondern auch Männern Prestige und Ansehen.
Neben vielfältigen Pretiosen werden auch Schnabelkannen, Rosenwassersprinkler, Weihrauchbrenner und Kajal-Behälter aus Silber geschmiedet und mit filigranen Mustern verschönert.
Durch den in den letzten Jahrzehnten aufgekommenen Wohlstand ist Silber allerdings immer mehr aus der Mode gekommen und durch Gold ersetzt worden. Nur wenige tragen noch Silberschmuck und so wird er heute in den unzähligen Souvenirgeschäften an die Touristen verkauft.

In arabischer Hand
Die berühmteste Silbermünze ist der Maria-Theresia-Taler. 1751 erstmals geprägt, wurde sie nach der österreichischen Monarchin benannt. Ein Taler besteht zu rund 84 % aus purem Silber und wiegt 28 Gramm. Durch den standardisierten Materialwert entwickelte sich dieser Münztyp von der ersten Hälfte des 19. Jahrhunderts bis in die Zeit nach dem 2. Weltkrieg in der gesamten Region zwischen China, Indien, dem Mittleren Osten und Westafrika zum weit verbreiteten Zahlungsmittel.

T

Test 3

Testen Sie, ob aus den Texten etwas hängen geblieben ist.

1. Welche Antwort stimmt?

1. *djâmi** bedeutet:
   a ☐ „Ort des Vollziehens", Gefängnis.
   b ☐ „Ort der Versammlung", Moschee.
   c ☐ „Ort des Vergessens", Fundbüro.
2. *masdjid* bedeutet:
   a ☐ „Ort der Niederwerfung", Moschee.
   b ☐ „Ort der Niederkunft", Geburtsklinik.
   c ☐ „Ort der Niederlassung", Firmensitz.
3. Ein *sûq* ist:
   a ☐ ein traditionelles Marktzentrum des lokalen Handels.
   b ☐ ein Markt mit festen, ausgezeichneten Preisen.
   c ☐ ein klimatisiertes Warenhaus.
4. Handeln ist:
   a ☐ sozusagen „Ehrensache", die das Prestige des Käufers steigert.
   b ☐ in vielen arabischen Ländern gesetzlich untersagt.
   c ☐ überflüssig, jeder Verkäufer kriegt, was er will.
5. Beim Handeln sollte man:
   a ☐ hart und verbissen um jeden Pfennig feilschen.
   b ☐ geschickt, aber gerecht den Preis ausdiskutieren.
   c ☐ sofort das Geld zeigen, das man gewillt ist zu zahlen; spielt der Händler nicht mit, fluchend das Geschäft verlassen.
6. Silberschmuck:
   a ☐ sollte nicht offen getragen werden, denn das zieht den „bösen Blick" an.
   b ☐ muss die Braut ihrem Zukünftigen schenken.
   c ☐ stellte bis vor wenigen Jahren den größten Teil vieler Familienvermögen dar.

Jede Frage hat hier eine eindeutige Antwort, auch wenn man zunächst glaubt, dass a mehrmals passt.

2. Fragen und Antworten

1. Hal naqûm bi-djaula fi l-madîna al-qadîma?	a ☐ Ma*a l-'asaf. Lâ 'urîd.
2. Lâzim 'as̲ruf hâdhâ sh-shîk as-siyâhî.	b ☐ Tamâm, nadhhab 'ila l-djâmi* al-kabîr.
3. Hal mumkin 'an 'usawwir-ak?	c ☐ Ma*a l-'asaf, mâ *ind-î.
4. *ind-ak flûs saghîra li-l-bâqî?	d ☐ Mush mushkila, al-bank hunâk.
5. Hal Jochen *ind-u 'alam fi l-batn?	e ☐ Faqat khamsata *ashar lîra?
6. Bi-kam hâdhihi l-djarîda?	f ☐ S̲ah̲îh̲, 'anâ sâ'ih̲.

3. Was fehlt?

Jeweils nur eines der drei vorgeschlagenen Wörter passt in die Lücke.

1. _______ qalîl 'urîd 'an nadhhab 'ilâ s-sûq.
   a ☐ Bayd̲
   b ☐ Bunnî
   c ☐ Ba*d
2. _______ 'atakallam al-lugha al-*arabiya.
   a ☐ Lîra
   b ☐ Lâzim
   c ☐ Laylâ
3. Tafad̲d̲al, mumkin, hâdhâ _______.
   a ☐ mamnû*
   b ☐ madjalla
   c ☐ masmûh̲
4. Hâdhâ l-djâmi* _______ djâmi* fî hâdhihi l-madîna.
   a ☐ 'arba*a
   b ☐ 'akbar
   c ☐ 'antum
5. Ma*a l- _______, mâ *ind-î flûs.
   a ☐ 'asaf
   b ☐ 'ayd̲an
   c ☐ 'akh
6. Al-kazbara _______.
   a ☐ djau*âna
   b ☐ rakhîs̲a
   c ☐ ta*bâna

4. Wie sagt man auf Arabisch?

Bei diesem Gespräch sprechen immer nur Männer miteinander. Alles klar? Dann mal ran ans Übersetzen.

1. Was ist deine Meinung, möchtest du, dass wir den Markt besichtigen?
2. Gerne, ich möchte ein Andenken für Susi kaufen.
3. Schau, die Halskette dort.
4. Sie ist sehr schön, nicht wahr. Ausgezeichnete Handarbeit.
5 Wenn Sie gestatten, wie viel kostet diese Halskette?
6. Sie ist preiswert, sehr preiswert, nur 3750 Pfund.

13

Einen Kaffee bitte

Frische Fruchtsäfte (= *aṣîr fawâkih*) werden in vielen arabischen Ländern angeboten. Zitrone und Orange gibt's fast überall, aber auch Mango-, Papaya-, Kokosnuss- oder Zuckerrohrsaft sind zu finden.

Kaffee trinken bedeutet für Araber Genuss, Kaffee anbieten ist mehr als nur eine freundliche Geste und stellt ein Symbol tiefer Gastfreundschaft dar. Wie für Tee, so muss auch für Kaffee immer Zeit sein.

Nach alter Tradition werden die Kaffeebohnen zunächst sorgsam geröstet, dann zerstoßen und zusammen mit Kardamom aufgekocht. Heute nehmen sich vor allem Beduinen Zeit für diese aufwendige Zubereitung. Dieser „echte" arabische Kaffee bringt sowohl Freunde als auch Fremde zusammen. Im gemütlichen Beisammensein werden Neuigkeiten ausgetauscht, über Geschäfte gefeilscht oder über Politik diskutiert. Eine traditionelle Kaffeezeremonie dauert meist drei Runden, eingegossen wird aus einer Schnabelkanne in kleine henkellose Porzellantassen.

Kaffee ist natürlich auch ein Alltagsgetränk, das die Lebensgeister wieder auf Trab bringt, etwa nach einem langen Stadtbummel. *'urîd 'an 'ashrab qahwa* (= ich möchte einen Kaffee trinken), sagt Oliver leicht erschöpft zu Khalîl, der nichts gegen ein Päuschen einzuwenden hat. Jedermann trinkt „seinen" *qahwa* (= Kaffee) anders und Oliver liebt ihn *bi-lâ ḫalîb wa bi-sukkar* (= ohne Milch und mit Zucker). Khalîl möchte jetzt keinen Kaffee trinken, seine Bestellung lautet: *'a*ṯî-nî *aṣîr laymûn* (= geben Sie mir einen Zitronensaft).

'urîd 'an 'ashrab qahwa

2/10

nashrab	wir trinken
al-maqhâ	das Café
muwâfiq	einverstanden
al-waqt	die Zeit
'ashrab	ich trinke
al-qahwa	der Kaffee
al-halîb	die Milch
'au	oder
al-garsûn	der Kellner

● Yâ Khalîl, 'urîd 'an nashrab shay' fî hâdhâ l-maqhâ.	Khalîl, ich möchte, dass wir in diesem Café etwas trinken.
■ 'anâ muwâfiq. *ind-nâ waqt.	Ich bin einverstanden. Wir haben Zeit.
● 'urîd 'an 'ashrab qahwa.	Ich möchte einen Kaffee trinken.
■ Mâdhâ turîd? Qahwa bi-lâ halîb 'au qahwa ma*a halîb?	Was möchtest du? Kaffee mit Milch oder Kaffee ohne Milch?
● 'ufaddil qahwa bi-lâ halîb wa bi-sukkar.	Ich bevorzuge Kaffee ohne Milch und mit Zucker.
■ Bi-qalîl sukkar faqat, sahîh?	Mit wenig Zucker nur, richtig?
● Na*am, wa 'ant?	Ja, und du?
■ Lâ 'urîd qahwa al-'ân.	Ich möchte jetzt keinen Kaffee.
● Mâdhâ turîd?	Was möchtest du?
■ Lâ 'a*rif, 'ayn al-garsûn?	Ich weiß nicht, wo ist der Kellner?

„Mit" oder „mit nicht" Milch?
*qahwa bi-halîb/qahwa ma*a halîb:* Kaffee mit Milch
qahwa bi-lâ halîb/qahwa bi-dûn halîb: schwarzer Kaffee (Kaffee mit nicht = ohne Milch)
qahwa bi-sukkar: Kaffee mit Zucker
qahwa bi-lâ sukkar: Kaffee ohne Zucker

Kellner
garsûn, abgeleitet vom französischen „garçon"

Übungen

1. Ich bin einverstanden

Wie sagen diese Leute, dass sie einverstanden sind? Denken Sie an den kleinen Unterschied zwischen Männlein und Weiblein.

Yâ Paul, 'urîd 'an nashrab shay' fî l-maqhâ. *Na*am 'anâ* ***muwâfiq.***

1. Yâ Paul, 'urîd 'an nashrab shay' fî l-maqhâ.
   Na*am 'anâ ____________________ .
2. Yâ Munîra, 'urîd 'an nashrab shay' fî l-maqhâ.
   Na*am 'anâ ____________________ .
3. Yâ Kâmil, 'urîd 'an nashrab shay' fî l-maqhâ.
   Na*am 'anâ ____________________ .
4. Yâ Dagmar, 'urîd 'an nashrab shay' fî l-maqhâ.
   Na*am 'anâ ____________________ .
5. Yâ Holger, 'urîd 'an nashrab shay' fî l-maqhâ.
   Na*am 'anâ ____________________ .

2. Welche Erwiderung passt?

2/11

Dran denken: Nur welche Antworten ergeben Sinn?

1. Mâdhâ turîd?	a ☐	'urîd 'an 'ashrab qahwa.
	b ☐	Djubna bi-lâ mûsîqâ.
2. Turîd qahwa 'aydan?	a ☐	Huwa hunâk.
	b ☐	'ufaddil shây.
3. Turîd shây bi-lâ halîb?	a ☐	Na*am.
	b ☐	Lâ, ma*a th-thûm.

3. Trinken wir in diesem Café etwas?

'urîd 'an nashrab shay' fî hâdhâ l-maqhâ = Ich möchte, dass wir in diesem Café etwas trinken. Finden Sie die zustimmenden Erwiderungen heraus.

1. Hâdhâ maqbûl.
2. Tamâm.
3. Al-'ân lâ.
4. Li-mâdhâ lâ?
5. anâ musch muwâfiq.
6. Kwayyis.
7. Lâ 'a*rif.
8. Lâ 'urîd.
9. Tayyib *ind-nâ waqt.
10. Mâ *ind-nâ waqt

4. Wir haben (keine) Zeit

Zeit haben oder nicht, das kommt hier entsprechend in die Lücken. Entscheiden Sie: **ind-nâ oder mâ *ind-nâ?*

1. Hal nazûr Otto al-yaum? — Tamâm, *ind-nâ ________ waqt.
2. Mumkin 'asruf hâdhâ sh-shîk as-siyâhî fî l-bank? — Ma*a l-'asaf, __________ waqt.
3. 'urîd 'an 'ashtarî kazbara wa hayl hunâ. — Tayyib, _______________ waqt.
4. Hal nadhhab 'ilâ s-sûq? — Lâ, ___________ waqt al-yaum.
5. Hal nashrab qahwa hunâ? — Li-mâdhâ lâ? _________ waqt.
6. Mumkin nazûr al-mathaf? — Hayyâ bi-nâ. _________ waqt.

Hal *ind-akum *asîr fawâkih?

2/12

*as̲îr al-fawâkih	der Fruchtsaft
t̲ab*an	selbstverständlich
*as̲îr al-burtuqâl	der Orangensaft
*as̲îr al-laymûn	der Zitronensaft
al-ka's	das Glas
'al-mâ' al-ma*danî	das Mineralwasser
fauran	sofort
al-h̲ammâm	das Bad, die Toilette
bi-djânib	neben
bâb al-khurûdj	die Ausgangstür

- ● Yâ garsûn! — Kellner!
- ■ Tah̲t 'amr-ak, yâ sayyid-î. — Zu Diensten, mein Herr.
- ● Wâh̲id qahwa bi-lâ h̲alîb wa bi-sukkar. — Einen Kaffee ohne Milch und mit Zucker.
- ■ Fauran, yâ sayyid-î. — Sofort, der Herr.
- ● Hal *ind-akum *as̲îr fawâkih? — Haben Sie Fruchtsaft?
- ■ T̲ab*an. *ind-nâ *as̲îr laymûn wa *as̲îr burtuqâl. — Natürlich. Wir haben Orangensaft und Zitronensaft.
- ● Mumtâz, 'a*t̲î-nî *as̲îr laymûn. — Prima, geben Sie mir einen Zitronensaft.
- ■ T̲ayyib. — Gut.
- ● Wa ka's mâ' ma*danî. — Und ein Glas Mineralwasser.
- ■ Bi-kull surûr. — Sehr gerne.
- ● Lau samah̲t, 'ayn al-h̲ammâm? — Entschuldigung, wo ist die Toilette?
- ■ Hunâk, bi-djânib bâb al-khurûdj. — Dort, neben der Ausgangstür.

13 B

Zusammengesetzte Hauptwörter werden im Arabischen häufig gebraucht. Dabei gilt das zusammengesetzte Wort als bestimmt, wenn (nur!) das zweite Element einen Artikel hat.
**as̲îr fawâkih:*
(ein) Fruchtsaft
**as̲îr al-fawâkih:*
der Fruchtsaft
Weibliche Hauptwörter an erster Stelle: Endung *-at*:
ghurfa:
(ein) Zimmer
ghurfat naum:
(ein) Schlafzimmer
ghurfat an-naum:
das Schlafzimmer
Mit diesem Schema (unbestimmtes plus bestimmtes Hauptwort) werden auch Besitzverhältnisse angezeigt.

Bestimmte Hauptwörter:
- durch den vorstehenden Artikel
- durch ein angehängtes Possessivpronomen (ohne Artikel)
- durch ein vorstehendes hinweisendes Fürwort
- Eigennamen sind immer bestimmt

Übungen

Hier ist die Reihenfolge der Bestellung durcheinander geraten.

1. Getränkekarte

1.	shây	a ☐	Mineralwasser
2.	qahwa	b ☐	Zitronensaft
3.	halîb	c ☐	Orangensaft
4.	*asîr fawâkih	d ☐	Kaffee
5.	*asîr laymûn	e ☐	Fruchtsaft
6.	*asîr burtuqâl	f ☐	Tee
7.	mâ' ma*danî	g ☐	Milch

Logisch sind manchmal beide Antworten.

2. Welche Erwiderung passt?

1.	Yâ garsûn!	a ☐	Na*am.
		b ☐	Taht 'amr-ik yâ sayyidat-î.
2.	Hal *ind-akum *asîr fawâkih?	a ☐	*ind-nâ *asîr laymûn faqat.
		b ☐	Ma*a l-'asaf, lâ.
3.	Mâdhâ turîd yâ sayyid-î?	a ☐	'a*tî-nî ka's mâ' min fadl-ak.
		b ☐	Bi-kull surûr.
4.	Yâ garsûn, lau samaht, 'ayn al-hammâm?	a ☐	Bi-djânib al-mathaf.
		b ☐	Hunâk.

Besitzverhältnisse? Ganz einfach: das erste Wort ist unbestimmt, das zweite bestimmt.

3. Besitztümer

*wallâ*a + Hildegard =* ***wallâ *at Hildegard***

1. wallâ*a + Hildegard = __________ (Hildegards Feuerzeug)
2. kibrît + Taufîq = __________ (Taufîqs Streichhölzer)
3. madjalla + duktûr = __________ (die Zeitschrift des Arztes)
4. djarîda + mu*allima = __________ (die Zeitung der Lehrerin)
5. tâwila + khâl-nâ = __________ (der Tisch unseres Onkels)
6. flûs + 'ukht-î = __________ (das Geld meiner Schwester)
7. *iqd + sayyida = __________ (die Halskette der Dame)
8. tadhkâr + sayyid = __________ (das Andenken des Herres)

So ein Saftladen! Kellner, bitte, wo ist ...?

4. Wo ist?

2/13

'ayn ****asîr al-fawâkih?***

1. *asîr al-fawâkih
2. al-qahwa
3. as-sukkar
4. 'al-mâ' al-ma*danî
5. al-hammâm
6. al-garsûn

Kaffee

Kaum einer weiß, dass der Siegeszug des Kaffees im Jemen des 16. Jahrhunderts begann und dass noch vor 200 Jahren jeder einzelne nach Europa verschiffte Bohnensack aus der Hafenstadt Al-Mukhâ am Roten Meer kam (genau: daher stammt der Name Mokka). Das rauhe jemenitische Bergland war damals das einzige Gebiet, in dem der anspruchslose Kaffeestrauch – mit botanischem Namen *Coffea arabica* – angebaut wurde. Eigentlich stammt die Pflanze aus Äthiopien, doch bereits seit dem 14. Jahrhundert waren der Anbau und der Genuss des Kaffees im Jemen verbreitet. Mitte des 16. Jahrhunderts eröffneten in Kairo, Damaskus und Istanbul die ersten Kaffeehäuser – bis sich das Getränk jedoch in Mitteleuropa durchsetzte, dauerte es noch ein weiteres Jahrhundert. Seit Beginn des 17. Jahrhunderts unterhielten Briten, Franzosen, Amerikaner und Niederländer Handelsniederlassungen in Al-Mukhâ, um die grünen Bohnen günstig einkaufen zu können. Doch die Jemeniten gestatteten ihnen lediglich den Aufenthalt in den Küstenstädten, nicht aber in den Kaffeeanbaugebieten im Landesinneren. Bis zum Anfang des 18. Jahrhunderts konnten die Jemeniten ihre Monopolstellung für Anbau und Vermarktung halten. Dann ist es trotz aller Vorsicht und einem strengen Exportverbot den Holländern gelungen, junge Kaffeepflanzen außer Landes zu schmuggeln und in ihren ostasiatischen Kolonien anzupflanzen. Diese Bohnen konnten wesentlich preiswerter produziert und vermarktet werden, weshalb die Jemeniten bald nicht mehr im Kaffeegeschäft mitmischen konnten.

Eine alte Legende
Ein Ziegenhirte bemerkte, dass seine Tiere, nachdem sie die Blätter und Früchte eines bestimmten Busches gefressen hatten, nicht mehr schlafen konnten. So probierte er diese Früchte und stellte fest, dass sie ihm Energie gaben und er nicht müde wurde. Er pflückte sich einige Beeren und nahm sie mit auf die Wanderschaft. Nach einigen Tagen waren sie allerdings getrocknet und zum Essen zu hart. Bei dem Versuch sie in Wasser weich zu kochen, entdeckte er den Kaffee.

14

Ich bin hungrig

Händewaschen nicht vergessen
Vor und nach jeder Mahlzeit waschen sich Araber ihre Hände, weswegen in allen Restaurants Waschbecken nicht nur auf der Toilette, sondern auch gut zugänglich im Speiseraum zu finden sind.

Äußerst unfein
Beim Essen im Zusammensein mit Arabern sollte man darauf achten, möglichst nicht die linke Hand zum Mund zu führen. Diese gilt als unrein.

Na, dagegen kann man doch was tun: *'a*rif maṯ*am mumtâz* (= ich kenne ein ausgezeichnetes Restaurant), sagt Khalîl zu seinem hungrigen Freund. Und es dauert auch gar nicht lange, bis die beiden ihr *shîsh kabâb* (= gegrillte Hammelfleischspieße) bekommen. Und was ist das hier? Oliver entdeckt ein kleines Glas mit roter Soße und als Khalîl ihn ermuntert: *Khudh kathîr, kul!* (= nimm reichlich, iss!), langt er auch ordentlich zu. Doch genau das sollte man eigentlich nicht tun, denn arabische Gaumen sind eine durchaus schärfere Gewürznote gewohnt als unsere. Und so bleibt dem armen Oliver nur ein großes Glas Wasser und die Hoffnung, dass das Feuer im Mund möglichst bald wieder abklingt. Übrigens hilft es viel mehr, im Ernstfall trockenes Brot zu kauen ...
Bei einer traditionellen arabischen Mahlzeit wird mit den Fingern aus einer flachen Schale gegessen. Man formt aus der Speise (insbesondere Reis) einen mundgerechten Klumpen, legt ihn auf die Fingerspitzen und schiebt ihn schließlich mit dem Daumen in den Mund. Dass dabei die Hand klebrig wird, ist normal, ein verschmierter Mund wirkt dagegen nicht sehr elegant.
Immer wird ein großer Stapel Fladenbrot gereicht. Man reißt davon ein Stück ab und formt eine mundgerechte „Schaufel" oder nutzt es wie eine „Zange". Brotstücke dürfen nur einmal in das Essen getaucht werden und sind dann mitzuessen.

Al-ghadâ'

14 A

2/14

al-mat̲*am	das Restaurant
al-ghadâ'	das Mittagessen
an-nâfidha	das Fenster
khâliya	frei, leer (w)
'idjlisû!	Setzt euch!
'ah̲d̲ir!	Bring!
qâ'imat at̲-t̲a*âm	die Speisekarte
al-muqabbilât	die Vorspeisen
ash-shîsh kabâb	die gegrillten Hammelspieße
shakhs̲ayn	zwei Personen

● Yâ Khalîl, 'anâ djau*ân. Fî mat̲*am qarîb min hunâ?	Khalîl, ich bin hungrig. Gibt es in der Nähe ein Restaurant?
■ 'a*rif mat̲*âm mumtâz qarîb min hunâ.	Ich kenne ein ausgezeichnetes Restaurant in der Nähe.
● Kwayyis, nadhhab 'ilâ hunâk li-l-ghadâ'.	Gut, lass uns dort hingehen zum Mittagessen.
■ Yâ garsûn, hal hâdhihi t̲-t̲âwila bi-djânib an-nâfidha khâliya?	Kellner, ist dieser Tisch neben dem Fenster frei?
● Tafad̲d̲alû 'idjlisû.	Bitte, setzen Sie sich.
■ 'ah̲d̲ir qa'imat at̲-t̲a*âm min fad̲l-ak.	Bringen Sie die Speisekarte, bitte.
● Hiya hunâ. Tafad̲d̲alû.	Hier ist sie. Bitte.
■ Shukran.	Danke.
● Hal turîd shay' min al-muqabbilât?	Möchten Sie etwas von den Vorspeisen?
■ Lâ, 'anâ mush djau*an djiddan.	Nein, ich bin nicht sehr hungrig.
● Ash-shîsh kabâb mumtâz.	Die gegrillten Hammelspieße sind ausgezeichnet.
■ Tamâm, shîsh kabâb li-shakhs̲ayn min fad̲l-ak.	In Ordnung, gegrillte Hammelspieße für zwei Personen, bitte.

shakhs̲ayn
ist eine spezielle Dual-Form: Endung *-ayn* (m)/ *-tayn* (w):
shakhs̲: eine Person
shakhs̲ayn: zwei Personen (nicht mehr, und nicht weniger)
mi'a: hundert
mi'atayn: zweihundert

Speisekarten
gibt es nicht immer, insbesondere nicht in kleinen Imbissstuben oder einfachen Garküchen. Dann hilft nur Fragen: *Mâ fî?* Was gibt es?

14 A

Übungen

Wie hungrig sind Sie denn? Fragen Sie ihren Magen und übersetzen Sie bitte auf Deutsch.

1. Ich bin hungrig

1. 'anâ djau*ân.
2. 'anâ mush djau*ân.
3. 'anâ mush djau*ân djiddan.
4. 'anâ djau*ân djiddan.

Altes Spiel mit neuen Worten und ohne Ton. Diesmal passt jeweils nur eine Erwiderung.

2. Welche Erwiderung passt?

1. 'anâ djau*ân.
   - a ☐ Nadhhab 'ilâ mathaf li-l-ghadâ'.
   - b ☐ Nadhhab 'ilâ mat*am li-l-ghadâ'.
2. Fî mat*am mumtâz hunâ?
   - a ☐ 'idjlisû hunâ.
   - b ☐ 'a*rif mat*am mumtâz qarîb.
3. Hal hâdhihi t-tâwila khâliya?
   - a ☐ Tafaddalî!
   - b ☐ 'ahdir!
4. Hal turîd shay' min al-muqabbilât?
   - a ☐ Lâ 'urîd shây.
   - b ☐ Li-mâdhâ lâ?

Sagen Sie den Satz in der anderen Person.

3. Umformulieren bitte

'ishrab halîb.	***Nashrab** halîb.*
1. 'ishrab halîb.	____________ (wir trinken)
2. 'uhibb shîsh kabâb.	____________ (ich bevorzuge)
3. 'urîd muqabbilât.	____________ (du möchtest)
4. 'atakallam al-lugha al-*arabiyya.	____________ (du sprichst)

Übersetzen Sie die Wörter in Klammern, sie können jeden Satz in jedem Restaurant hören.

4. Was fehlt?

1. Hal hâdhihi t-tâwila ____________ (neben) an-nâfidha khâliya?
2. Tafaddalû ____________ (setzen Sie sich).
3. ahdir ____________ (die Speisekarte) min fadl-ak.
4. Tayyib. ____________ (Danke).

Bring ... In dieser Form aber nur zu einem Mann. Freundlicher wird`s mit *min fadl-ak* und einem Lächeln.

5. Bring

2/15

*ahdir **qa 'imat at-ta*âm.***

1. qa'imat at-ta*âm
2. mâ' ma*danî
3. *asîr burtuqâl
4. shîsh kabâb
5. khubz
6. shây bi-hayl

Khudh kathîr, kul!

2/16

al-mutabbal	das Auberginenpüree
ladhîdh	lecker, köstlich
al-hummus	das Kichererbsenpüree
'âkul	ich esse
bi-l-hanâ	guten Appetit (mit dem Wohlbefinden)
sâlsat al-filfil	die Peperonisoße
kathîr	viel, reichlich
hârr	scharf
bi-sur*a	schnell

● Shûf, yâ Oliver, fî mutabbal.	Schau mal, Oliver, es gibt Auberginenpüree.
■ 'a*rif hâdhâ. Hâdhâ ladhîdh.	Ich kenne das. Das ist köstlich.
● Wa *ind-hum hummus.	Und sie haben Kichererbsenpüree.
■ 'uhibb 'an 'âkul hâdhâ.	Ich mag das gerne essen.
● Shûf ash-shîsh kabâb.	Schau, die gegrillten Hammelspieße.
■ Tayyib.	Gut.
● Bi-l-hanâ.	Guten Appetit.
■ Yâ Khalîl, mâ hâdhâ?	Khalîl, was ist das?
● Hâdhihi sâlsat al-filfil. Hiya ladhîdha. Khudh kathîr, kul!	Das ist Peperonisoße. Sie ist lecker. Nimm reichlich, iss!
■ Yâ 'ilâh-î! Hâdhihi l-sâlsa hârra, hârra djiddan!	Oh mein Gott! Diese Soße ist scharf, sehr scharf!
● Yâ garsûn, 'ahdir ka's mâ'.	Kellner, bringen Sie ein Glas Wasser.
■ Bi-sur*a min fadl-ak! Yâ mazzâh ...	Schnell bitte! Spaßvogel ...

Aufforderungen und Befehle
Einige Beispiele der Befehlsform:
khudh!: nimm!
kul!: iss!
*ta*âl!:* komm!
'ahdir!: bring!
tafaddal: habe die Güte!
Diesen Formen sind je nach Geschlecht und Zahl die folgenden Endungen anzuhängen.
Einzahl (m): ohne Endung
Einzahl (w): *-î*
Mehrzahl: *-û*
Beispiel:
kul!: zum Mann
kulî!: zur Frau
kulû!: zu mehreren

Filfil
= Peperoni, aber auch Paprika oder Pfeffer

Hârr
= scharf, aber auch heiß.

Übungen

Doch vergessen Sie vor lauter Heißhunger nicht, einmal die weibliche Form zu nehmen.

1. Das ist lecker

2/17

***Al-mutabbal** ladhîdh.*

1. Al-mutabbal
2. Al-hummus
3. Ash-shîsh kabâb
4. Al-bayd
5. *asîr al-burtuqâl
6. Ash-shây
7. Al-qahwa

Wie gehabt: die richtige oder nahe liegende Antwort wird gesucht.

2. Welche Erwiderung passt?

1. Fî mutabbal hunâ.
   a ☐ 'uhibb 'an 'âkul hâdhâ.
   b ☐ Hâdhâ min al-bayd.
2. Shûf ash-shîsh kabâb.
   a ☐ Bi-l-hanâ.
   b ☐ Bi-l-hinnâ.
3. Hâdhihi sâlsat al-filfil. Hiya ladhîdha.
   a ☐ Tayyib. 'âkul kathîr.
   b ☐ 'usawwir-hâ
4. Hâdhihi l-sâlsa hârra djiddan!
   a ☐ 'ahdir grâm mâ' bi-sur*a min fadl-ak!
   b ☐ 'ahdir ka's mâ' bi-sur*a min fadl-ak!

Achten Sie auf das grammatikalische Geschlecht. Manchmal könnte auch die jeweils andere Form passen, inhaltlich aber passt manches nicht ganz so gut.

3. Aufforderungen auf Arabisch

kul / 'ishrab / 'i *tî-nî/khudhî / 'ahdir / ta*âl / 'idjlisû

1. Yâ garsûn, ______________ ash-shîsh kabâb min fadl-ak.
2. Yâ Yâsmin, ______________ al-wallâ*a!
3. Yalla, ______________ al-hummus, yâ Xaver!
4. Tafaddal ______________ bi-djânib an-nâfidha.
5. Yâ Tina, ______________ al-flûs bi-sur*a!
6. Yalla yâ Achim, ______________ 'ilâ hunâ!
7. ______________ al-qahwa, yâ Mahmûd!

Welche Begriffe haben nichts mit Essbarem zu tun?

4. Alles Essen?

1. thûm
2. hummus
3. hummâ
4. shîsh kabâb
5. khubz
6. *ulbat sadjâyir
7. fidda
8. bayd
9. madjalla
10. mutabbal
11. ka's
12. kîs

Fasten

Es gibt Zeiten, in denen *saum* (das Fasten) fromme Sitte der Muslime ist. Pflicht ist es allerdings für jeden während des *ramadân* (Ramadan), des neunten Monats des islamischen Kalenders. In diesem Monat erhielt Muhammad seine erste Offenbarung, deshalb ist der Ramadan heilig. Einen Monat lang sollen alle Muslime von Sonnenaufgang bis Sonnenuntergang auf Essen, Trinken, Rauchen und geschlechtliche Beziehungen verzichten. Alle gesunden Muslime sind ab der Pubertät zum Einhalten des Ramadan verpflichtet. Alte, Kranke, Reisende, Schwangere und stillende Mütter dürfen das Fasten brechen, sollten es jedoch nachholen. Außerdem soll jeder seine bösen Gedanken besiegen und ein besonders vorbildliches und religiöses Leben führen. Mit dem Verzicht soll zum Nachdenken über den Sinn dieses Gebotes angeregt und zwischen Arm und Reich eine symbolische Gleichheit angestrebt werden.

Die Nächte des Ramadan aber sollen eine gesegnete Zeit sein, denn es war Nacht, als Muhammad Gottes erste Bestimmung erhielt. Und so wird in den Nächten des Ramadan üppig gegessen, und man trifft sich mit Freunden oder Verwandten. Der Rhythmus des Ramadan wird bestimmt von der asketischen Anstrengung der Tage und der Entspannung der Nächte.

Am ersten Tag nach dem Ramadan beginnt das mehrtägige Fastenbrechen **îd al-fitr*, eines der bedeutendsten muslimischen Feste. Neben besonderen Festgebeten ist es wichtig, dass jeder, der es sich leisten kann, Bedürftige mit Almosen unterstützt.

Nichtmuslime, die sich während des Ramadan in einem arabischen Land aufhalten, sollten der Höflichkeit halber tagsüber ebenfalls nicht essen, trinken oder rauchen – zumindest nicht in der Öffentlichkeit.

Der islamische Kalender richtet sich, anders als unser gregorianischer, nach dem Mond und nicht nach der Sonne. Ein Mondjahr hat rund 354,5 Tage, ein Mondmonat 29 oder 30 Tage. Die Anfangszeiten der islamischen Monate rücken jedes Jahr etwa elf Tage nach vorne, entsprechend auch die religiösen Festtage. Ihre endgültigen Termine werden aktuell nach dem örtlichen Stand des Mondes ermittelt; dadurch können sie sich von Land zu Land unterscheiden.

15

Glückwünsche

Ernst gemeint?
Mitunter wird auch eine Einladung ausgesprochen, hinter der nicht unbedingt ein üppiges Gastmahl steht. Hat man den Eindruck, es handelt sich um eine solche „Scheineinladung", sollte man abwarten, ob sie ein zweites oder gar drittes Mal ausgesprochen wird. Dann kann man sicher sein, dass es eine ernste Einladung ist und es wäre unhöflich, ohne triftigen Grund abzusagen.

Laylâ ist eine alte Schulfreundin von Khalîl und als „moderne" Frau hat sie ihre Freundinnen und Freunde zum Geburtstag eingeladen. Als Freund eines Freundes muss Oliver natürlich mitkommen. *Shukran djazîlan li-d-da*wa li-*îd mîlâd-ik* (= vielen Dank für die Einladung zu deinem Geburtstagsfest), bedankt sich Khalîl und wünscht ihr alles Gute. Ein Geschenk hat er natürlich auch dabei. Als gute Gastgeberin sagt Laylâ: *Tafaddalû, kull-akum bi-dûn taklîf* (= bitte seid alle ohne Förmlichkeit) und bietet so die bereitgestellten Leckereien an. Oliver sagt da natürlich nicht Nein und hat den Bauch bald voller, als ihm eigentlich lieb ist.
Bei einer Einladung in ein Privathaus sollten vor dem Betreten des Empfangsraumes die Schuhe ausgezogen werden. Die meisten Wohnräume sind nur sehr karg ausgestattet, man sitzt also meist auf Teppichen oder einem Sitzkissen. Reichere Haushalte haben auch „moderne" Empfangsräume mit eleganten Möbelstücken. In traditionellen Familien werden Frauen in den Frauenbereich geführt, während die Männer unter sich bleiben. Die meisten Gastgeber empfangen westliche Männer und Frauen dennoch gemeinsam. Oft wird zuerst Tee oder Kaffee ausgeschenkt. Dann beginnt die eigentliche Mahlzeit: Meist ist es eine große Reisplatte mit Lammfleisch, frischem Brot und verschiedenen Beilagen. Bei Hochzeiten, Geburten und religiösen Festen werden eine Reihe von Spezialitäten aufgetischt. Bei einer spontanen oder weniger formalen Einladung wird eine Auswahl an frischem Obst mit Süßigkeiten und Datteln serviert. Zum Abschluss der Mahlzeit gibt es Tee oder Kaffee.

Kull *âm wa 'anti bi-khayr

2/18

ad-da*wa	die Einladung
a-*îd al-mîlâd	der Geburtstag, das Geburtstagsfest
az-ziyâra	der Besuch
*alâ	auf/über/an
la-nâ	für uns/bei uns
sa*îd	glücklich, Glückwünsche
kull *âm wa 'anti bi-khayr	alles Gute
al-hadiyya	das Geschenk
al-munâsaba	der Anlass
'alf shukr	tausend Dank

● 'ahlan yâ Khalîl, 'ahlan yâ Oliver.	Hallo Khalîl, hallo Oliver.
■ 'ahlan yâ Laylâ. Shukran li-d-da*wa li-*îd mîlâd-ik.	Hallo Laylâ. Danke für die Einladung zu deinem Geburtstagsfest.
● *afwan! Shukran *alâ ziyârat-akum la-nâ.	Keine Ursache. Danke für euren Besuch bei uns.
■ *îd mîlâd sa*îd, yâ Laylâ. Kull *âm wa 'anti bi-khayr!	Glückwünsche zum Geburtstag, Laylâ. Alles Gute!
● Shukran djazîlan.	Vielen Dank.
■ Tafaddalî, hâdhihi l-hadiyya bi-munâsabat *îd mîlâd-ik.	Bitte, dieses Geschenk aus Anlass deines Geburtstagsfestes.
● 'alf shukr!	Tausend Dank!

kull *âm wa 'anti bi-khayr
heißt wörtlich: „Jedes Jahr und du bist mit Wohl" und ist eine sehr höfliche Glückwunschformel.
Je nachdem, wen man anspricht:
du: *kull *âm wa 'ant/-i bi-khayr* (m/w)
Ihr: *kull *âm wa 'antum bi-khayr*

alâ
ist fast schon eine Universal-Präposition: „auf, über, an, gemäß, gegen, nach".

Gastgeschenk
Bei privaten Einladungen sollte man ein kleines Gastgeschenk mitbringen. Gut sind Süßigkeiten für die Kinder (reichlich!). Fotos von der eigenen Familie sind ein beliebtes persönliches Präsent.

15 A

Übungen

Das könnte der letzte Satz nach einem netten Abend sein.

1. Danke für die Einladung

2/19

***Yâ Zainab,** shukran li-d-da*wa.*

1. Yâ Zainab
2. Yâ Mahmûd
3. Yâ Salâhdîn
4. Yâ *umar
5. Yâ Ibrâhîm wa Nûr
6. Yâ Heidi wa Josef

Wer falsch antwortet, muss mit Peinlichkeiten rechnen!

2. Welche Erwiderung passt?

1. Shukran li-d-da*wa li-*îd mîlâd-ik.
   - a ☐ *afwan.
   - b ☐ Bi-munâsabat *îd mîlâd-ik.
2. Shukran *alâ ziyârat-akum la-nâ.
   - a ☐ Tamâm.
   - b ☐ *afwan.
3. *îd mîlâd sa*îd.
   - a ☐ mi'atayn wa thamânîn.
   - b ☐ 'alf shukr!

Achten Sie darauf, wen Sie beglückwünschen, und setzen Sie die fehlenden Worte ein. Tipp: Jedes der oben aufgeführten Worte wird zweimal benutzt.

3. Alles Gute

'ant / 'anti / 'antum

1. Kull *âm wa ______________ bi-khayr, yâ Yâsmin.
2. Kull *âm wa ______________ bi-khayr, yâ Walîd.
3. Kull *âm wa ______________ bi-khayr, yâ Nûr wa Latîf.
4. Kull *âm wa ______________ bi-khayr, yâ 'akh-î.
5. Kull *âm wa ______________ bi-khayr, yâ Fâtima wa Mustafâ.
6. Kull *âm wa ______________ bi-khayr, yâ umm-î.

Bringen Sie die Worte dieses geschüttelten – nicht gerührten – Cocktails wieder in die richtige Reihenfolge.

4. Bilden Sie Sätze

1. li-/shukran/d-da*wa
2. ziyârat-akum/*alâ/shukran
3. sa*îd/mîlâd/*îd
4. bi-khayr/wa/kull/*âm/'ant
5. hâdhihi/tafaddal/hadiyya
6. shukr/'alf

„Euren Besuch" oder „deinen Besuch" – vergessen Sie nicht: Bei der 2. Person Einzahl: Unterschied m/w.

5. Danke für ...

Danke für euren Besuch:	*Shukran *alâ **ziyârat-akum.***
1. euren Besuch:	Shukran *alâ ______________
2. deinen Besuch, Munîr:	Shukran *alâ _____ ,yâ Munîr.
3. deinen Besuch, Yvonne:	Shukran *alâ ____ ,yâ Yvonne.
4. deinen Besuch, Rosi:	Shukran *alâ ______ ,yâ Rosi.
5. deinen Besuch, Hassan:	Shukran *alâ ____ ,yâ Hassan.

Tafaddalû, kull-akum bi-dûn taklîf

15 B

2/20

al-halwâ	Halwa (Süßspeise)
al-lauz	die Mandeln
al-fawâkih	die Früchte
kull-akum	ihr, allesamt (Personen)
bi-dûn	ohne
at-taklîf	die Förmlichkeit
'âkhudh	ich nehme
yakfî	es genügt, es reicht
ta'kul	du isst
shab*ân	satt

● Tafaddalû, shây wa halwâ bi-lauz wa fawâkih.	Bitte, Tee und Halwa mit Mandeln und Früchten.
■ Shukran djazîlan, yâ Laylâ, ladhîdh.	Vielen Dank, Laylâ, lecker.
● Tafaddalû, kull-akum bi-dûn taklîf.	Bitte, seid alle ohne Förmlichkeit.
■ Hâdhihi l-halwâ mumtâza. Hal mumkin 'an 'âkhudh qalîl min-hâ?	Diese Halwa ist ausgezeichnet. Ist es möglich, dass ich ein wenig von ihr nehme?
● Tab*an, tafaddal khudh!	Natürlich, bitte nimm!
■ Hal mumkin 'an 'âkhudh qalîl min al-fawâkih?	Ist es möglich, dass ich noch etwas von den Früchten nehme?
● Tab*an, tafaddal.	Natürlich, bitte.
■ Shukran ... yakfî, yakfî.	Danke ... es reicht, es reicht.
● Li-mâdhâ lâ ta'kul?	Warum isst du nicht?
■ 'alf shukr, 'anâ shab*ân.	Tausend Dank, ich bin satt.

lauz
- ist ein Gattungsbegriff
- der Form nach Einzahl
- wird im Deutschen je nach Zusammenhang (Ez/Mz) übersetzt
- hat die Endung *-a*, wenn betont werden soll, dass es um ein/e einzige/r geht:

lauz: Mandel(n)
lauza: eine einzige Mandel
laymûn: Zitrone(n)
laymûna: eine einzige Zitrone
layl: Nacht (Zustand der Dunkelheit)
layla: eine einzige Nacht

Halwâ
ist eine beliebte Süßspeise, die gerne Gästen und an Festtagen serviert wird. Es gibt viele verschiedene Rezepte, doch die Basismasse besteht immer aus Butter, Stärke, karamelisiertem Zucker und Eiern. Dazu kommen Gewürze, Nüsse und Rosenwasser. Alles wird zu einer zähen Masse verkocht, traditionell im Kupferkessel. Serviert wird die Schleckerei kalt, meist zum Kaffee.

Übungen

Alles schmeckt wirklich lecker. Konkretisieren Sie auf Arabisch?

1. Köstlich

2/21

Al-h̲alwâ *mumtâza.*

1. Al-h̲alwâ
2. Ash-shây
3. Al-qahwa
4. *as̲îr al-burtuqâl
5. *as̲îr al-laymûn
6. Al-fawâkih

Höflichkeit ist bei den meisten Einladungen Pflicht. Also gut aufgepasst und keine Unhöflichkeit ankreuzen!

2. Welche Erwiderung ist höflich?

1. Tafad̲d̲alû, kull-akum bi-dûn taklîf.
   a ☐ 'alf shukr.
   b ☐ Tatakallam kathîr.
2. Hal mumkin 'an 'âkhudh qalîl min al-h̲alwâ?
   a ☐ T̲ab*an.
   b ☐ Al-h̲alwâ la-nâ faqat̲.
3. Hal mumkin 'an 'âkhudh qalîl min al-fawâkih?
   a ☐ Yakfî!
   b ☐ Tafad̲d̲al khudh kathîr!
4. Li-mâdhâ lâ ta'kul?
   a ☐ Shukran, 'anâ shab*ân.
   b ☐ Tamâm. Sa-'âkul li-shakhs̲ayn.

Bitte übersetzen Sie. Denken Sie an die Feinheiten.

3. Essen und Trinken

1. Ich esse Früchte.
2. Du (m) isst Früchte.
3. Walter, iss die Früchte!
4. Ich trinke Fruchtsaft.
5. Wir trinken Fruchtsaft.
6. Klaus, trink den Fruchtsaft!

Hal mumkin 'an 'âkhudh qalîl ...? (Ist es möglich, dass ich ein wenig von ...?) Bitte schön ... Doch füllen Sie nicht nur Ihren knurrenden Magen, sondern erst mal die Sätze mit der Übersetzung.

4. Nachschlag

1. ... von den Früchten?
2. ... von der Süßspeise mit Mandeln?
3. ... von den Hammelfleischspießen?
4. ... von dem Kaffee mit Kardamom?
5. ... von dem Kichererbsenpüree?

Übersetzen Sie bitte auf Deutsch. Männliche Sprecher bitte nicht vergessen, das *-a* bei *djau*âna* und *shab*âna* wegzulassen.

5. Ich bin satt

1. 'anâ shab*âna.
2. 'anâ mush djau*âna.
3. 'anâ mush djau*âna, 'anâ shab*âna.
4. Lâ 'urîd 'an 'âkul kathîr.

Familienfest

15

Für Muslime sind Geburten, Beschneidungen, Hochzeiten und Bestattungen bedeutsame Familienfeste. Die Geburt eines Kindes wird als Geschenk Gottes angesehen und natürlich ausgiebig gefeiert. Besonders stolz sind Eltern, wenn ihr Erstgeborenes ein Junge ist und somit die Stammhalterschaft gesichert wird.
Die Beschneidung von Jungen, bei der ein Teil der Penisvorhaut entfernt wird, symbolisiert eine kultische Reinigung. Für den Eingriff sprechen auch medizinische Gründe, wie die Vermeidung von Phimose, einer Verengung der Vorhaut. Die Knaben werden oft am siebten Tag nach der Geburt oder, wesentlich häufiger, mit sieben Jahren beschnitten. Diese Zeremonie findet bevorzugt am Geburtstag des Propheten Muḫammad statt.
Die Eheschließung ist eines der wichtigsten Ereignisse im Leben eines jeden Muslim. Regionale Hochzeitsbräuche sind vielfältig, aber immer findet ein großes mehrtägiges Fest im Kreise der Familie statt. Für das soziale Ansehen der Angehörigen ist die Ausgestaltung des Hochzeitsfestes so wichtig, dass viele sich über Jahre hinweg verschulden. Wichtige Ereignisse sind das Vorbereiten und Schmücken der zukünftigen Eheleute, ein Brautzug zum Haus des Mannes und das Festmahl, zu dem neben möglichst allen Familienangehörigen oftmals auch Bedürftige geladen werden. Der Islam schreibt vor, dass Verstorbene ohne Verzögerung bestattet werden. Daher geschieht dies meist am Todestag, spätestens am Tag danach. Als einzige Bestattungsform existiert die Beerdigung, der eine rituelle Totenwaschung und lange Koranrezitationen vorangegangen sind. Die Trauerzeit dauert in der Regel vierzig Tage und wird in vielen Regionen mit einem Totenmahl im Kreise von Familie und Freunden abgeschlossen.

Taufe
Die Taufe als Aufnahme in die Glaubensgemeinschaft gibt es im Islam nicht, Kinder sind automatisch Muslime, wenn ihr Vater es ist. Jungen werden mit der Beschneidung in die Gesellschaft integriert, Mädchen mit der Heirat.

Hochzeitseinladung
Wer zu einem Hochzeitsfest geladen ist, schenkt am Besten Geld oder Haushaltswaren. Ist es in Deutschland üblich, den Hochzeitsgästen bei der Einladung gleich mitzuteilen, was sie denn schenken könnten, so ist dies für Muslime unannehmbar und unverständlich.

Friedhöfe
Muslimische Friedhöfe weisen große Unterschiede auf, je nach Region und Zeit, in der sie eingerichtet wurden. In typisch kuppelförmigen Mausoleen ruhen besonders fromme oder heilige Menschen. Ihre Gräber zu besuchen kann Glück, Gesundheit oder Kinderreichtum bringen. Friedhofsbesuche sind lediglich an hohen religiösen Feiertagen üblich.

16

Alles köstlich

Einfach gut
Viele arabische Speisen gehen in ihren Anfängen auf die Gerichte der Beduinen und der Landbevölkerung zurück. Deren Grundnahrungsmittel bestehen aus Datteln, Kamelmilch, Fleisch, Fisch, Brot und aus Indien importiertem Reis. Es ist erstaunlich, welch wohlschmeckende Gerichte sich aus nur wenigen Zutaten, mit Gewürzen verfeinert, zaubern lassen.

Heute möchte sich Oliver bei Khalîls Famile erkenntlich zeigen und so sagt er in fast schon hochoffiziellem Ton: *'uhibb 'an 'ad*u kull al-*â'ila li-l-*ashâ'* (= ich möchte die ganze Familie zum Abendessen einladen). Erstaunlicherweise stößt er dabei auf keinen Widerstand. Mitunter ist es nämlich gar nicht einfach, Araber zu etwas einzuladen, da diese durch Höflichkeiten die Einladung geschickt umdrehen und so selber Gastgeber werden. *Shukran djazilan li-d-da*wa* (= vielen Dank für die Einladung), bedankt sich Khalîl im Namen aller. *Lâ shukr *alâ wâdjib* (= keinen Dank für die Pflicht, nichts zu danken), schließt Oliver diesen leicht formellen Teil ab. Logisch, dass Khalîl wieder seine Witze reißen muss, indem er Oliver weiszumachen versucht, er wolle sich die halbe Speisekarte einverleiben.
Genuss ist ein Stück arabischen Lebensgefühls – die Sinne werden animiert durch Düfte, Gerüche, Farben. Das wirkt sich auch auf das Essen aus. Die Speisen werden üppig mit Gewürzen verfeinert und aufwendig dekoriert. Man schätzt Blütenwasser, das vielen Gerichten beigegeben wird, sowie natürlich allerlei leckere Süßspeisen. Alles duftet verführerisch und ist ein Fest für Gaumen und Auge. Die arabische Küche wird allen Geschmacksrichtungen gerecht. Von scharf über süßsauer bis süß hat sie alles zu bieten.

Al-*ashâ'

2/22

kull al-*â'ila	die ganze Familie
'ad*u	ich lade ein
al-*ashâ'	das Abendessen
lâ shukr *alâ wâdjib	nichts zu danken (keinen Dank für die Pflicht)
al-wâha	die Oase
al-'akl	das Essen
al-fûl	der gekochte Bohnenbrei
at-tabûla	der Tomaten-Petersilien-Salat
as-samak al-mashwî	der gegrillte Fisch
ash-shawarma	das Grillfleisch vom Drehspieß

● Yâ Khalîl, 'uhibb 'an 'ad*u kull al-*â'ila li-l-*ashâ'.	Khalîl, ich möchte die ganze Familie zum Abendessen einladen.
■ Shukran djazîlan li-d-da*wa, yâ Oliver.	Vielen Dank für die Einladung, Oliver.
● Lâ shukr *alâ wâdjib.	Nichts zu danken.
■ Mâ ra'y-ak, 'ilâ 'ayn nadhhab?	Was ist deine Meinung, wo gehen wir hin?
● 'ilâ mat*am mumtâz.	In ein ausgezeichnetes Restaurant.
■ Nadhhab 'ilâ mat*am al-wâha. Al-'akl hunâk ladhîdh wa rakhîs.	Gehen wir ins Restaurant „Die Oase". Das Essen dort ist lecker und billig.
● Tamâm.	In Ordnung.
■ Sa-'âkul kathîr: Hummus wa fûl wa tabûla ...	Ich werde viel essen: Kichererbsenpüree und Bohnenbrei und Tomaten-Petersilien-Salat und ...
● Sahîh?	Wirklich?
■ ... wa samak mashwî wa shawarma wa halwâ.	... und gegrillten Fisch und Grillfleisch und Halwa.
● Yâ 'ilâh-î!	Oh mein Gott!
■ Mâdhâ turîd 'an ta'kul?	Was möchtest du essen?
● Lâ 'a*rif al-'ân, wa lâkin lâ shay' hârr.	Ich weiß jetzt nicht, aber nichts Scharfes.

Lâ shukr *alâ wâdjib
= Nichts zu danken, (wörtlich): Keinen Dank für die Pflicht und meint „Danke, dass du mir durch deine Freundschaft die Pflicht auferlegst, dich einzuladen". Einfacher: **afwan* – keine Ursache.

fûl
gekochter Bohnenbrei, wird in vielen Ländern mit reichlich Brot zum Frühstück gegessen.

shawarma
Grillfleisch vom Drehspieß, das arabische Gegenstück zum türkischen Döner und zum griechischen Gyros findet sich in fast allen Restaurants und Imbissbuden. Als Snack werden die Fleischschnitzel zusammen mit Salat in ein Fladenbrot eingerollt. Meist aus Lamm- oder Hammelfleisch, oft auch Hühnerfleisch.

16 A

Übungen

Laden Sie doch auch mal wieder Freunde zum Abendessen ein. Aber auf Arabisch bitte.

1. Ich lade zum Abendessen ein

*'uhibb 'an 'ad*u-kum* ***kullakum*** *li-l-*ashâ'.*

1. euch alle
2. die ganze Familie
3. dich (m)
4. dich (w)
5. Georg
6. Salmâ

Aufgepasst: Was ist der Unterschied zwischen a und b?

2. Welche Erwiderung passt?

1. 'uhibb 'an 'ad*u kull al-*â'ila li-l-*ashâ'.	a ☐	Shukran djazîlan.
	b ☐	'alf shukr!
2. Turîd 'an ta'kul samak mashwî?	a ☐	Tamâm.
	b ☐	Tayyib.
3. Nadhhab 'ilâ mat*am al-wâha.	a ☐	Na*am, al-'akl hunâk ladhîdh wa rakhîs.
	b ☐	Al-'akl hunâk mumtâz wa mush ghâlî.
4. Shukran djazîlan li-d-da*wa.	a ☐	Lâ shukr *alâ wâdjib.
	b ☐	*afwan.

Formulieren Sie die vorne stehenden Satzaussagen in die hinten erwünschten Formen um.

3. Umformulieren bitte

1. 'uhibb 'an 'ad*u kull al-*â'ila li-l-*ashâ'. – zum Mittagessen
2. 'urîd 'an nadhhab 'ilâ maqhâ. – in ein Restaurant
3. Al-mutabbal ladhîdh. – der gekochte Bohnenbrei
4. 'ahdir al-muqabbilât min fadl-ak. – das Essen

Was möchten Sie zu Abend essen? Finden Sie die richtige Übersetzung.

4. Speisekarte

1. shawarma	a ☐	gegrillte Hammelspieße
2. mutabbal	b ☐	Kichererbsenpüree
3. fûl	c ☐	Tomaten-Petersiliensalat
4. samak mashwî	d ☐	Grillfleisch vom Drehspieß
5. tabûla	e ☐	Auberginenpüree
6. shîsh kabâb	f ☐	gegrillter Fisch
7. hummus	g ☐	gekochter Bohnenbrei

Sechsmal ein förmliches „Nichts zu danken" bitte.

5. Nichts zu danken

*Lâ shukr *alâ wâdjib,* ***yâ Bill.***

1. yâ Bill
2. yâ Monika
3. yâ Mona
4. yâ Lisa
5. yâ Tom
6. yâ Jerry

2/23

Kull al-wadjabât ladhîdha

16 B

2/24

tansah	du empfiehlst
kull al-wadjabât	alle Speisen
turîd/-î	du möchtest (m/w)
ta'kul/-î	du isst (m/w)
tashrab/-î	du trinkst (m/w)
at-tahliya	der Nachtisch
at-tîn	die Feigen
al-baqlâwa	das Honig-Nuss-Gebäck
turîdû	ihr möchtet
as-sâda	die Herren

● Yâ garsûn, mâdhâ tansah-nâ?	Kellner, was empfehlen Sie uns?
■ Kull al-wadjabât ladhîdha.	Alle Speisen sind köstlich.
● Fî fûl 'au mutabbal?	Gibt es Bohnenbrei oder Auberginenpüree?
■ Fî kull shay', yâ sayyidat-î.	Es gibt alles, meine Dame.
● Fî shawarma 'au samak mashwî?	Gibt es Grillfleisch oder gegrillten Fisch?
■ Fî kull shay'. Mâdhâ turîdî 'an ta'kulî?	Es gibt alles. Was möchten Sie essen?
● 'ufaddil fûl wa samak mashwî.	Ich bevorzuge Bohnenbrei und gegrillten Fisch.
■ Wa mâdhâ turîdî 'an tashrabî?	Und was möchten Sie trinken?
● 'uhibb *asîr burtuqâl min fadl-ak.	Ich möchte Orangensaft, bitte.
■ Turîdî tahliya? Turîdî tîn?	Möchten Sie Nachtisch? Möchten Sie Feigen?
● Lâ, 'âkhudh baqlâwa min fadl-ak.	Nein, ich nehme das Honig-Nuss-Gebäck, bitte.
■ Wa mâdhâ turîdû yâ-sâda?	Und was möchten die Herren?

2. Person Einzahl:
(w): Endung: *-î*:
Hal turîdî tîn?:
Möchtest du (w) Feigen?
(m): ohne Endung:
Hal turîd tîn?:
Möchtest du (m) Feigen?

2. Person Mehrzahl:
In vielen Ländern wird nur die männliche Form benutzt, obwohl Grammatik und Schrift zwischen (m) und (w) unterscheiden:
mâdhâ turîdû?: was möchtet ihr?
Ebenso für 3. Person Mehrzahl.

Übungen

Fragen Sie ruhig, was es gibt. Sie könnten auch mit den Worten *Hal *ind-akum ...?* (= „Haben Sie ...?“) beginnen.

1. Gibt es ... oder ...?

***Fî** fûl **'au** mutabbal?*

1. __________ fûl __________ mutabbal?
2. __________ h̲ummus̲ __________ tabûla?
3. __________ shawarma __________ samak mashwî?
4. __________ tîn __________ baqlâwa?
5. __________ fawâkih __________ h̲alwâ?

Beide Antworten sind möglich, aber eine stammt von einem wirklich unflätigen Kellner. Finden Sie bitte heraus, welche Erwiderungen höflich sind.

2. Welche Erwiderung ist höflich?

1. Yâ garsûn, mâdhâ tans̲ah?
   a ☐ Kull al-wadjabât ladhîdha.
   b ☐ Lâ shay' ladhîdh fî hâdhâ l-mat*am.
2. Fî fûl 'au mutabbal?
   a ☐ Fî, wa lâkin kull shay' mush ladhîdh.
   b ☐ Fî kull shay' yâ sayyidat-î.
3. 'uh̲ibb fûl wa samak mashwî.
   a ☐ Wa llâh! Ba*d qalîl *ind-ak 'alam fi l-bat̲n.
   b ☐ Fauran! As-samak mumtâz.
4. Mâ fî min tah̲liya *ind-akum?
   a ☐ *ind-nâ baqlâwa wa tîn.
   b ☐ A-tîn mush tamâm wa al-baqlâwa ma*a l-filfil.

Mâdhâ ...? (Was ...?)
Fügen Sie die erwünschten Verben in die Lücken. Die Sätze 3., 6. u. 9. haben zwei Verben, die mit ... verbunden werden (siehe Lektion 5B).

3. Was ...?

1. (du möchtest) yâ sayyidat-î?
2. (du isst) yâ sayyidat-î?
3. (du möchtest, dass du isst) yâ sayyidat-î?
4. (du möchtest) yâ sayyid-î?
5. (du isst) yâ sayyid-î?
6. (du möchtest, dass du isst) yâ sayyid-î?
7. (ich möchte)?
8. (ich werde essen)?
9. (ich möchte, dass ich esse)?

Kann ja auch mal vorkommen, dass es Ihnen gar nicht geschmeckt hat.

4. Nicht lecker

2/25

*At-tabûla **mush ladhîdha.***

1. At-tabûla __________.
2. Al-baqlâwa __________.
3. Al-mutabbal __________.
4. Ash-shîsh kabâb __________.
5. At-tîn __________.
6. Ash-shawarma __________.

Arabisches Allerlei

Arabische Kochkunst ist ein kulinarischer Mix, ein bunter Bilderbogen verschiedener Nationalgerichte und regionaler Eigenheiten, von der jede lohnt, probiert zu werden.
Die Kochkünste der Libanesen und Syrer sind von überregionaler Bedeutung und wegen ihres guten Rufes auch in vielen anderen arabischen Ländern anzutreffen. Hier eine Auswahl typisch libanesisch-syrischer Leckereien:

Vorspeisen (*muqabbilât*):
ẖummus̱ (Kichererbsenpüree), *falâfil* (fritierte Kichererbsenklößchen), *mutabbal* (Auberginenpüree), *kûsa maẖshî* (gefüllte Zucchini), *fûl* (gekochter Bohnenbrei), *sambûsa/samûsa* (gefüllte Blätterteigtaschen), *tabûla* (Tomaten-Petersiliensalat), *fatûsh* (Salat mit geröstetem Brot), *shurbat khuḏâr* (Gemüsesuppe), *shurbat samak* (Fischsuppe), *djambarî* (Krabben)

Hauptspeisen (*wadjabât ra'îsîyya*):
ruzz bi-laẖm (Reisplatte mit Fleisch), *shawarma* (Grillfleisch vom Drehspieß), *kufta kabâb* (gegrillte Lammhackwürstchen am Spieß), *shîsh kabâb* (gegrillte Hammelfleischspieße), *shîsh ṯawûk* (gegrilltes Hühnerfleisch am Spieß), *dadjâdj* (Hähnchen), *laẖm baqarî* (Rindfleisch), *laẖm ghanamî* (Lammfleisch), *samak mashwî* (gegrillter Fisch)

Nachspeisen (*taẖliya*):
baqlâwa (Honig-Nuss-Gebäck), *fawâkih* (Früchte), *ẖalwâ* (Süßspeise), *tîn* (Feigen), *tamr* (getrocknete Datteln), *maẖlabiyya* (Pudding)

Fleischliche Genüsse
Nach islamischem Brauch müssen alle Tiere geschächtet werden, das heißt dem Tier wird nach dem Aussprechen religiöser Formeln mit einem scharfen Messer die Kehle durchgeschnitten, so dass es schnell stirbt und gut ausbluten kann. Der Verzehr von Schweinefleisch ist Muslimen durch den Koran untersagt.

T Test 4

Wieder einmal testen wir, ob Sie die Hintergrundtexte gut gelesen haben. Mitunter sind übrigens mehrere Antworten richtig. Nur wo bloß …?

1. Welche Antwort stimmt?

1. Die Kaffeepflanze (Coffea arabica) stammt aus:
   a ☐ Jemen.
   b ☐ Äthiopien.
   c ☐ Oman.
2. Bis zum Anfang des 18. Jahrhunderts hatte welches arabische Land eine Monopolstellung für Anbau und Vermarktung von Kaffe inne:
   a ☐ Syrien.
   b ☐ Türkei.
   c ☐ Jemen.
3. *Ramadân* ist:
   a ☐ eine muslimische Fastenzeit.
   b ☐ der 9. Monat des islamischen Kalenders.
   c ☐ ein libanesisches Fischgericht.
4. Der islamische Kalender:
   a ☐ richtet sich nach dem Stand des Polarsterns.
   b ☐ richtet sich nach dem Stand der Sonne.
   c ☐ richtet sich nach der Phase des Mondes.
5. Bei einer Einladung in ein arabisches Haus:
   a ☐ nehmen alle Gäste im Empfangsraum Platz.
   b ☐ werden erst mal alle Gäste ins Badezimmer gebeten.
   c ☐ sollten die Schuhe im Flur bleiben.
6. Für Muslime ist eine Hochzeit …
   a ☐ ein für die ganze Familie bedeutsames Ereignis.
   b ☐ nur am Geburtstag des Propheten zu vollziehen.
   c ☐ ein überflüssiger Kostenfaktor.

Haben Sie nicht auch den Eindruck, dass Arabisch immer leichter wird?

2. Fragen und Antworten

1. Turîd qahwa bi-halîb 'au qahwa bi-lâ halîb?	a ☐ Tafaddalû 'idjlisû.
2. Lau samaht, 'ayn al-hammâm?	b ☐ Hunâk, bi-djânib an-nâfid ha.
3. Hal hâdhihi t-tâwila khâliya?	c ☐ Na*am, khudh kathîr, kul!
4. Hal turîdî shay' min al-muqabbilât?	d ☐ 'ufaddil qahwa bi-lâ halîb wa bi-sukkar.
5. Shukran djazîlan li-d-da*wa.	e ☐ Na*am, 'anâ djau*ana djiddan.
6. Hal al-mutabbal ladhîdh?	f ☐ Lâ shukr *alâ wâdjib.

3. Was fehlt?

Von wie vielen der falschen Wörter kennen Sie die Bedeutung? Immer schön in der Wortliste nachschlagen ...

1. 'anâ djau*ân ________ .
   a ☐ djiddan
   b ☐ djamîl
   c ☐ grâm
2. 'urîd 'an nadhhab 'ilâ ________ li l-*ashâ'.
   a ☐ mat*am
   b ☐ masdjid
   c ☐ mathaf
3. Mâdhâ ________ yâ sayyida?
   a ☐ turîd
   b ☐ turîdî
   c ☐ turîdû
4. Kull *am wa ________ bi-khayr.
   a ☐ 'arba*a
   b ☐ 'almâniyâ
   c ☐ 'antum
5. *îd mîlâd ________ .
   a ☐ sâda
   b ☐ sawdâ'
   c ☐ sa*îd.
6. Tafaddalû, kull-akum bi-dûn ________ .
   a ☐ tawâbi*
   b ☐ taklîf
   c ☐ thûm

4. Wie sagt man auf Arabisch?

Hier betreffen die Befehle nur Männer. Zur Wiederholung der weiblichen Befehlsformen bitte in Lektion 14 B nachschlagen.

1. Ich nehme Früchte.
2. Nimm die Früchte, Bernd!
3. Ich trinke Milch.
4. Trink die Milch, Yûsuf!
5. Ich esse gegrillte Hammelfleischspieße.
6. Iss die gegrillten Hammelfleischspieße, Hussain!

Auf Reisen

Nieder mit der Anonymität
Die Atmosphäre in Sammeltaxen ist meist erstaunlich herzlich und gastfreundlich – wenn man mal davon absieht, das jeder Zentimeter Sitzplatz hart und trickreich verteidigt wird. Gespräche entwickeln sich, Essen wird untereinander geteilt und Geschichten werden erzählt. Scheppernde Klänge aus dem Radio oder dem Inneren des Motorraumes tun dem keinen Abbruch.

Platz bitte
Wem die Situation zu beengt ist, der kann sich auch zwei Sitzplätze kaufen, am besten die beiden auf der Vorderbank, denn dort hat man die beste Aussicht und kann auch bei kurzen Stopps schnell mal aussteigen. Allerdings ist dieser Platz oft Frauen vorbehalten.

Oliver hat eine Einladung von Khalîls Onkel T̠âhâ bekommen. Er wohnt in einem kleinen Oasendorf und um dorthin zu kommen, muss man einige Stunden fahren. Khalîl möchte lieber noch eine Weile zu Hause bei seinen Eltern bleiben.
Olivers Reise beginnt mit dem Bus. Busfahren ist eigentlich ganz einfach: Ticket kaufen – *dhahâb wa 'iyâb* (= Gehen und Kommen, hin und zurück) – abwarten und losfahren. Die Abfahrtzeit ist (mehr oder weniger) fest und jeder hat seinen eigenen Sitz. Zur Freude der einen und zum Leidwesen der anderen strahlt der bordeigene DVD-Spieler seine Schmonzetten unters fahrende Volk.
Olivers zweite und dritte Etappe geht mit dem Sammeltaxi weiter. Einen geregelten Fahrplan gibt es nicht, Sammeltaxen fahren von festen Halteplätzen erst dann ab, wenn alle Plätze voll sind. Meist ist es sehr eng, denn in den alten, mitunter museumsreifen Wagen nehmen mindestens neun Personen Platz – Kinder und Fahrer nicht mitgerechnet.
Über die Verkehrstüchtigkeit „seines" Sammeltaxis sollte man sich mitunter besser keine Gedanken machen. Da hilft auch nicht der gewohnte Griff über die Schulter: *mâ fî h̠izâm 'amân* (= es gibt keinen Sicherheitsgurt) – das kann man wohl für den Großteil aller arabischen Taxen sagen. Na dann: *safar sa*îd!* (= glückliche Reise!)

Fî l-bâs

2/26

ahsul *alâ	ich bekomme
tadhkirat as-safar	der Fahrschein
al-bâs	der Bus
tahsul *alâ	du bekommst
as-sâ'iq	der Fahrer
dhahâb	hin
'iyâb	zurück
matâ	wann
yasil	er kommt an
as-sâ*a ath-thâmina	acht Uhr

● Lau samaht yâ sayyid, 'ayn 'ahsul *alâ tadhkirat as-safar bi-l-bâs?	Wenn Sie gestatten, der Herr, wo bekomme ich den Fahrschein für den Bus?
■ Tahsul *alâ tadhkirat as-safar fî-l-bâs.	Sie bekommen den Fahrschein im Bus.
● Hal 'ashtarî-hâ min as-sâ'iq?	Kaufe ich ihn beim Fahrer?
■ Na*am, min as-sâ'iq.	Ja, beim Fahrer.

● Yâ sâ'iq, 'urîd tadhkirat safar.	Fahrer, ich möchte eine Fahrkarte.
■ Dhahâb wa 'iyâb 'au dhahâb faqat?	Hin und zurück oder nur hin?
● Dhahâb wa 'iyâb min fadl-ak.	Hin und zurück, bitte.
■ Tafaddal.	Bitte.
● Shukran. Matâ yasil al-bâs?	Danke. Wann kommt der Bus an?
■ Yasil fi s-sâ*a ath-thâmina, in shâ'a llâh.	Er kommt um acht Uhr an, so Gott will.

sâ*a
heißt sowohl „Uhr", als auch „Stunde".

Die Stunden der Uhrzeiten
2.00–10.00 Uhr: Ordinalzahl (w) + Artikel:
z. B.: 8.00 Uhr: *as-sâ*a ath-thâmina* – wörtlich: die Stunde die achte.
2.00 Uhr: *as-sâ*a ath-thâniya*
3.00 Uhr: *as-sâ*a ath-thâlitha*
4.00 Uhr: *as-sâ*a ar-râbi*a*
5.00 Uhr: *as-sâ*a al-khâmisa*
6.00 Uhr: *as-sâ*a as-sâdisa*
7.00 Uhr: *as-sâ*a as-sâbi*a*
8.00 Uhr: *as-sâ*a ath-thâmina*
9.00 Uhr: *as-sâ*a at-tâsi*a*
10.00 Uhr: *as-sâ*a al-*âshira*

11.00–24.00 Uhr: Kardinalzahl ohne Artikel, z. B.:
1.00 Uhr: *as-sâ*a al-wâhida.*
Übrigens: *As-sâ*a* wird oft nicht gesprochen.

Übungen

Sie brauchen diese Uhrzeiten nicht unbedingt auswendig zu lernen, aber hören Sie sie sich ruhig ein paarmal an.

1. Bitte nachsprechen

2/27

1. as-sâ*a al-wâhida
2. as-sâ*a ath-thâniya
3. as-sâ*a ath-thâlitha
4. as-sâ*a ar-râbi*a
5. as-sâ*a al-khâmisa
6. as-sâ*a as-sâdisa
7. as-sâ*a as-sâbi*a
8. as-sâ*a ath-thâmina
9. as-sâ*a at-tâsi*a
10. as-sâ*a al-*âshira
11. as-sâ*a 'ihda *ashar
12. as-sâ*a 'ithnâ *ashar

Welche Erwiderung ist zustimmend? Diesmal haben wir es Ihnen aber wirklich nicht einfach gemacht.

2. Welche Erwiderung passt?

1. 'ayn 'ahsul *alâ tadhkirat as-safar bi-l-bâs?
   a ☐ Tahsul *alâ tadhkirat as-safar ma*a-l-bâs.
   b ☐ Tahsul *alâ tadhkirat as-safar fî-l-bâs.
2. Hal 'ashtarî tadhkirat as-safar min as-sâ'iq?
   a ☐ Na*am, min as-sâ'iq.
   b ☐ Na*am, 'ila s-sâ'iq.
3. 'urîd tadhkirat as-safar min fadl-ak.
   a ☐ Dhahâb wa 'iyâb 'au dhahâb?
   b ☐ Dhahâb wa 'iyâb 'an dhahâb?
4. Matâ yasil al-bâs?
   a ☐ Yasil fi s-sâda ath-thâmina, 'in shâ'a llâh.
   b ☐ Yasil fi s-sâ*a ath-thâmina, 'in shâ'a llâh.

Nicht alle Begriffe haben mit Busfahren zu tun. Suchen Sie die passenden heraus.

3. Bus fahren

1. as-sâ'iq
2. tadhkirat as-safar
3. qa'imat at-ta*âm
4. al-ka's
5. al-bâs
6. at-tadhkâr

Wenn Sie die Uhrzeiten nicht genau wissen, dürfen Sie ruhig nachsehen. Wichtig ist der Unterschied zu den Kardinalzahlen.

4. Um wie viel Uhr?

1. um acht Uhr
2. um vier Uhr
3. um neun Uhr
4. um zehn Uhr
5. um sechs Uhr
6. um fünf Uhr

Wann? Es dauert noch einen Moment, denn zuerst müssen Sie die Lücken füllen. Doch das geht ganz schnell ...

5. Wann?

***Matâ** yasil al-bâs?*

1. ____________________ yasil al-bâs?
2. ____________________ tatakallam ma*a Rainer?
3. ____________________ nashrab shây' fî maqhâ?
4. ____________________ turîdî 'an tashrabî al-halîb?

17 B

Fî t-taksî

2/28

hizâm al-'amân	der Sicherheitsgurt
at-taksî	das Taxi
as-safar	die Reise
as-sadîq	der Freund
al-djimâl	die Kamele
al-layla	die Nacht
'anâm	ich schlafe
al-funduq	das Hotel
sabâh ghad	morgen früh
'usâfir	ich reise

● Mâ fî hizâm 'amân fî hâdhâ t-taksî?	Gibt es keine Sicherheitsgurte in diesem Taxi?
■ Lâ, yâ sayyid-î, li-mâdhâ?	Nein, mein Herr, warum?
● Yâ 'ilâh-î!	Oh mein Gott!
■ 'ilâ 'ayn safar-ak?	Wohin geht deine Reise?
● 'azûr khâl sadîq-î.	Ich besuche den Onkel meines Freundes.
■ Fi*lan?	Tatsächlich?
● Na*am, yaskun fî wâha, huwa fallâh wa *ind-hu thalâtha djimâl!	Ja, er wohnt in einer Oase, er ist Bauer und er hat drei Kamele!
■ Thalâtha djimâl faqat?	Nur drei Kamele?
● Hâdhihi l-layla sa-'anâm fî funduq wa sabâh ghad sa-'usâfir bi-t-taksî.	Diese Nacht werde ich im Hotel schlafen und morgen früh mit dem Taxi reisen.
■ Tayyib. Safar sa*îd yâ sayyid-î.	Gut. Glückliche Reise, mein Herr.
● Shukran.	Danke.

Reisewünsche
*safar sa*id:* glückliche Reise
*rihla sa*ida:* gute Reise

Reiselustig
'ibn Battuta war wohl der bekannteste arabische Globetrotter. In der ersten Hälfte des 14. Jahrhunderts erkundete er fast alle islamischen Länder. In seiner Heimat Marokko diktierte er seine Reisebeschreibungen einem Hofliteraten. Sein Werk „Labsal für die Augen und merkwürdige Länder“ erlangte große Berühmtheit und wurde in zahlreiche Sprachen übersetzt.

17 B

Übungen

Sie haben sich vorgenommen, alle diese Leute zu besuchen? Doch bitte vorher noch das in Klammern stehende ins Arabische übersetzen.

1. Ich besuche

1. 'azûr ______________________ (meinen Freund).
2. 'azûr ______________________ (meinen Onkel).
3. 'azûr ______________________ (meine Schwester).
4. 'azûr ______________________ (meine Tochter).

Zur Abwechslung noch mal eine etwas andere Aufgabenstellung: Wie enden die vier angefangenen Sätze sinnvoll und im Einklang mit dem Dialog?

2. Wie beenden Sie den Satz sinnvoll?

1. ilâ 'ayn ...	a ☐	... hizâm 'amân?
	b ☐	... safar-ak?
2. khâl sadîq-î ...?	a ☐	... yaskun fî wâha?
	b ☐	... yatakallam ma*a thalâtha djimâl?
3. Hâdhihi l-layla ...	a ☐	... sa-'anâm fî funduq.
	b ☐	... sa-'ashrab halîb bi-l-filfil.
4. Sabâh ghad ...	a ☐	... sa-'âkul hâdhâ t-taksî.
	b ☐	... sa-'usâfir bi-t-taksî.

Setzen Sie alle Sätze in die Zukunft. Der Unterschied zur Gegenwart: *Sa-*.

3. Gegenwart – Zukunft

'anâm fî funduq. ***Sa- 'anâm fî funduq.***

1. 'anâm fî funduq. ______________________
2. 'usâfir bi-l-bâs. ______________________
3. 'ashtarî *iqd min al-fidda. ______________________
4. 'usawwir djimâl. ______________________
5. 'azûr al-mathaf. ______________________

„Gute Reise!" allen im Sammeltaxi nach irgendwo.

4. Gute Reise

2/29

*Safar sa*îd yâ* ***sayyid-î.***

1. yâ sayyid-î
2. yâ sayyidat-î
3. yâ Nidâl
4. yâ Fayrûz
5. yâ Tarzan wa Jane
6. yâ Joachim
7. yâ Elfi.

Das Kamel

Die auf der Arabischen Halbinsel, in Nordafrika und Vorderasien heimischen Kamele sind korrekt bezeichnet einhöckrige Dromedare (*Camelus dromedarius*). Erst die Domestizierung des Kamels sicherte den Menschen das Überleben in Wüsten und Steppen. Als Reit- und Lasttier ermöglichte es den Beduinen Wanderungen, Handelskarawanen und Raubzüge. Frisch gemolkene Kamelmilch war oftmals die einzige Nahrung, der Dung stellte wertvolles Brennmaterial dar und die Kamelwolle wurde zu strapazierfähigen Stoffen weiterverarbeitet. Dabei wurden – und werden – Kamele nicht nur als Nutztiere, sondern vielmehr als Kameraden angesehen und mit großer Achtung und liebevoller Zuneigung gewürdigt. Für Araber ist es keine Frage, dass das Kamel von Gott geschaffen wurde. So heißt es in einer alten Legende, Gott habe sich die Wüste geschaffen, damit es einen Ort gebe, „darinnen er in Ruhe lustwandeln könne". Aber bald sah er seinen Irrtum ein, und er korrigierte ihn. Er rief den Südwind, den Nordwind und alle anderen Winde und befahl ihnen, sich zu vereinigen. Sie gehorchten ihm, er nahm eine Handvoll des Gemisches und so entstand zum Ruhme Gottes, zur Schande seiner Feinde und zum Nutzen der Menschen das Kamel. Er band an dessen Füße das Mitleid, legte auf seinen Rücken die Beute und in seine Flanken den Reichtum. Er gab ihm – auch ohne Flügel – den Flug der Vögel und das Glück heftete er an seinen Schweif.

al-djamal
In der arabischen Sprache gibt es etwa 160 verschiedene Bezeichnungen für das Kamel. Die gebräuchlichste *al-djamal* wird auch im Sinne von „Zuneigung", „Verehrung" und „Bewunderung" gebraucht. Die sprachliche Wurzel der Wörter „Kamel" und „Schönheit" ist dieselbe.

Wüstenschiffe
stecken in einem „Wunderkörper", der den extremen Verhältnissen der Wüste kaum besser angepasst sein könnte. Hartnäckig hält sich die Mär vom körpereigenen Wasserreservoir, doch nicht „speichern", sondern „sparen" lautet die wüstentaugliche Zauberformel.
Im Extremfall können Kamele bis zu 25 Tage ohne Wasser auskommen, wenn es dann aber wieder welches gibt, können sie innerhalb von 15 Minuten bis zu 200 Liter saufen. Na denn prost!

18

Im Hotel

Funduq
Im mittelalterlichen nordafrikanischen Raum war *funduq* ein städtisches Handels- und Warenlager, in dem Kaufleute und ihre Transporttiere Unterkunft fanden.
In der modernen Schriftsprache werden alle Hotels *funduq* genannt, egal welcher Klasse. In der Tourismusbranche werden mitunter aber nur einfachere Gasthäuser so bezeichnet. Andere Begriffe sind *lûkanda* oder *binsyun*.

„Die Eile kommt vom Satan, die Bedächtigkeit vom Erbarmer" – diesen Spruch sollte man beim Reisen immer im Hinterkopf haben. Und gerade in arabischen Gefilden braucht Reisen Geduld.
Fast elf Stunden hat Olivers Fahrt schon gedauert. Inklusive der Zeit, die er nach der Busfahrt gebraucht hat, um zur Abfahrtstelle der Sammeltaxen zu kommen (meist am Ortsausgang) und um – eingepfercht in das Gefährt – zu warten, bis alle Plätze belegt waren. Die fast schon obligatorische Reifenpanne tat ein Übriges, glücklicherweise war aber ein einsatzbereiter Ersatzreifen zur Hand.
Aber am Ziel ist Oliver noch immer nicht. Noch trennen ihn angeblich zwei Stunden Taxifahrt zu Onkel T̠âhâ. Doch es ist inzwischen Abend und Oliver beschließt, die Fahrt zu unterbrechen und in einem Hotel zu übernachten.
*Hal *ind-akum ghurfa khâliya?* (= Haben Sie ein Zimmer frei?), fragt er im erstbesten ordentlich aussehenden Gasthaus neben dem Taxihalteplatz. *'urîd ghurfa li-shakhs̠ wa bi-h̠ammâm* (= Ich möchte ein Zimmer für eine Person und mit Bad), konkretisiert er, denn nach dieser langen Fahrt braucht er erst mal ein entspannendes Bad. *Mumkin 'an tûqiz̠a-nî fi s̠-s̠abâh̠?* (= Ist es möglich, dass Sie mich am Morgen wecken?), bittet Oliver an der Rezeption und fügt ein besorgtes *lâ tansâ hâdhâ!* (= Vergessen Sie das nicht!) an, denn er möchte morgen früh weiterreisen und – so Gott will – auch endlich ankommen.

Fî l-funduq

2/30

al-ghurfa	das Zimmer
as-sâ*a ath-thâmina wa nus̲f	halb neun
kân	er war
t̲awîl	lang
mundhu	seit
as-sâ*a al-*âshira wa rub*	viertel nach zehn
shakhs̲	eine Person
ad-daqîqa	die Minute/der Moment
'imla'!	Fülle aus!
al-'istimâra	das Formular

● Kam as-sâ*a, yâ sayyid-î?	Wie viel Uhr ist es, mein Herr?
■ As-sâ*a ath-thâmina wa nus̲f.	Halb neun.
● S̲ah̲îh̲?	Wirklich?
■ S̲ah̲îh̲! Hal kân safar-ak t̲awîl?	Wirklich! War ihre Reise lang?
● Na*am, mundhu as̲-s̲abâh̲ as-sâ*a *âshira wa rub*.	Ja, seit dem Morgen um viertel nach zehn.
■ Wa llâh!	Bei Gott!
● 'anâ ta*bân. Hal *ind-akum ghurfa khâliya?	Ich bin müde. Haben Sie ein Zimmer frei?
■ Hal turîd ghurfa li-shakhs̲ 'au li-shakhs̲ayn?	Möchten Sie ein Zimmer für eine Person oder für zwei Personen?
● 'urîd ghurfa li-shakhs̲ wa bi-h̲ammâm.	Ich möchte ein Zimmer für eine Person und mit Bad.
■ Daqîqa ... Ghurfa raqm 'ithnâ *ashar.	Moment ... Zimmer Nummer 12.
● Hal al-ghurfa bi-h̲ammâm?	Ist das Zimmer mit Bad?
■ T̲ab*an. Min fad̲l-ak 'imla' hâdhihi l-'istimâra.	Selbstverständlich. Bitte füllen Sie dieses Formular aus.

nus̲f + rub*
nus̲f: halb/Hälfte
*rub**: viertel/Viertel
wichtig bei:
- Uhrzeiten: *as-sâ*a al-*âshira wa rub** – viertel nach zehn
- beim Einkaufen: *nus̲f/rub* kîlû* – ein halbes/viertel Kilo

Hal kân safar-ak t̲awîl?
kân = war (m): Vergangenheitsform von „sein“, bezieht sich hier auf *safar* (m). Mehr zur *kân* in Lektion 20 A.

Übungen

Setzen Sie die richtigen Wörter für „seit“ in die Lücken ein.

1. Seit

2/31

Mundhu *khamsata *ashar sâ*a.*

1. _____ khamsata *ashar sâ*a.
2. _____ s-sâ*a ath-thâmina.
3. _____ s-sâ*a al-*âshira wa rub*.
4. _____ s-sâ*a al-*âshira.
5. _____ al-yaum.
6. _____ ba*d az̲-z̲uhr.

Suchen diesmal bitte die richtige und logische Antwort.

2. Welche Erwiderung passt?

1. Kam as-sâ*a?
   - a ☐ As-sâ*a thalâth mi'a wa nus̲f.
   - b ☐ As-sâ*a ath-thâmina wa nus̲f.
2. Hal kân safar-ak t̲awîl?
   - a ☐ Na*am, safar-î kân t̲awîl.
   - b ☐ As-safar ladhîdh.
3. Hal turîd ghurfa?
   - a ☐ Fî ghurfa li-shakhs̲?
   - b ☐ Na*am ‘urid shîsh kebab.
4. Hal al-ghurfa bi-h̲ammâm?
   - a ☐ T̲ab*an.
   - b ☐ Yâ mazzâh̲!

Übersetzen Sie ins Arabische.

3. Umformulieren bitte

1. Fî ghurfa bi-h̲ammâm. — Fî __________ (Zimmer ohne Bad)?
2. 'urîd ghurfa li-shakhs̲. — 'urîd __________ (Zimmer für zwei Personen).
3. Mundhu sâ*a. — Mundhu __________ (einer Minute).
4. Min fad̲l-ik djawâz-ik. — Min fad̲l-ik __________ (deine Unterschrift).

Ein bunter Wortsalat. Bei 1. und 6. sind zwei Satzstellungen möglich.

4. Bilden Sie Sätze

1. as-sâ*a/kam
2. al-*âshira/rub*/wa/as-sâ*a
3. ghurfa/*ind-akum/khâliya/hal
4. shakhs̲ayn/ghurfa/turîd/li-
5. h̲ammâm/bi-/al-ghurfa
6. al-'istimâra/'imla'/min fad̲l-ak/hâdhihi

Bitte übersetzen. Nachher geht`s mit der Uhrzeit und beim Einkaufen leichter.

5. Halb und Viertel

1. Halb:
   - a halb neun
   - b ½ Kilo Feigen
2. Viertel:
   - a viertel nach zehn
   - b ¼ Kilo Mandeln

Lâ tansâ!

2/32

sâkhin	heiß
maudjûd	vorhanden/anwesend
tûqiz̲	du weckst
'ayy	welche, welches
ath-thulth	das Drittel
tansâ	du vergisst
tah̲mil	du trägst
al-hamm	die Sorge
lâ tah̲mil hamm	keine Sorge! (tragen Sie keine Sorge!)
ghadan	morgen

●	uh̲ibb 'an 'âkhudh h̲ammâm al-'ân.	Ich möchte jetzt ein Bad nehmen.
■	Li-mâdhâ lâ, yâ sayyid-î?	Warum nicht, mein Herr?
●	Fî mâ' sâkhin fî hâdhihi s-sâ*a?	Gibt es heißes Wasser zu dieser Stunde?
■	T̲ab*an. Mâ' sâkhin maudjûd dâ'iman fî hâdhâ l-funduq.	Natürlich. Heißes Wasser ist immer vorhanden in diesem Hotel.
●	Mumkin 'an tûqiz̲-nî fi s̲-s̲abâh̲?	Ist es möglich, dass Sie mich am Morgen wecken?
■	Fî 'ayy sâ*a?	Um wie viel Uhr?
●	Fî s-sâ*a ath-thâmina 'illâ rub* 'au 'illâ thulth ...	Um viertel vor, oder zwanzig vor acht ...
■	Bi-kull surûr.	Sehr gerne.
●	Lâ tansâ!	Vergessen Sie das nicht!
■	Lâ tah̲mil hamm, yâ sayyid-î.	Keine Sorge, mein Herr.
●	'ila l-liqâ' ghadan, inshâ'a llâh.	Auf Wiedersehen morgen, so Gott will.
■	Layla sa*îda, yâ sayyid.	Glückliche Nacht, der Herr.

Kam as-sâ*a?
$1/2$ Stunde: *nus̲f*
$1/4$ Stunde: *rub**
$1/3$ Stunde: *thulth*
Vor: *'illâ* (= weniger, minus)
nach: *wa* (= und, plus)

Wer alle arabischen Zahlen bis 60 beherrscht, kann auch minutengenaue Angaben machen:
*as-sâ*a ath-thâmina wa *ashara:* die Stunde die achte und zehn = zehn nach acht
*as-sâ*a ath-thâmina 'ilâ *ashara:* die Stunde die achte minus zehn = zehn vor acht.

maudjûd
gilt für Personen und Gegenstände

Übungen

Füllen Sie die Lücken mit dem arabischen Wort für „vorhanden", „anwesend". Denken Sie daran, bei weiblichen Hauptwörtern ein *-a* anzuhängen.

1. Vorhanden/anwesend

1. Mâ' sâkhin ______________________ dâ'iman.
2. Fî funduq mumtâz ______________________ fî shâri* as-salâm.
3. Al-hadiyya li-sayyida Cordula ______________________
4. Fî t̲âwila mithl hâdhihî bunnî ______________________?

Peperonisoße im Badezimmer oder Ähnliches – die unsinnigen Aussagen bitte aussortieren.

2. Welche Erwiderung passt?

1. Fî mâ' sâkhin fî hâdhihi s-sâ*a?
   - a ☐ Fî hâdhâ l-funduq Mâ' sâkhin maudjûd dâ'iman.
   - b ☐ Al-'ân fî s̲als̲at al-filfil faqat̲ fî h̲ammâm al-ghurfa raqm 'ithnâ *ashar.
2. Mumkin 'an tûqiz̲-nî fi s̲-s̲abâh̲?
   - a ☐ Lâ, mamnû*, ba*d qalîl *ind-nâ 'alam fi r-ra's.
   - b ☐ Mush mushkila.
3. Fî 'ayy sâ*a?
   - a ☐ Fi s-sâ*a ath-thâmina min fad̲l-ak.
   - b ☐ Fi s-sâ*at at-tah̲liya min fad̲l-ak.

Wie heißen diese Uhrzeiten auf Deutsch? Hier haben Sie auch alle gängigen Möglichkeiten mit *thulth, rub** und *nus̲f* aufgelistet..

3. Wie viel Uhr?

1. as-sâ*a ath-thâmina
2. as-sâ*a ath-thâmina wa nus̲f
3. as-sâ*a ath-thâmina wa rub*
4. as-sâ*a ath-thâmina 'illâ rub*
5. as-sâ*a ath-thâmina wa thulth
6. as-sâ*a ath-thâmina 'illâ thulth

Lâ tah̲mil hamm nur zu Männern.
Lâ tah̲milî hamm zu Frauen.

4. Keine Sorge

2/33

Lâ tah̲mil hamm, yâ sayyid-î.

1. yâ sayyid-î
2. yâ sayyid Robert
3. yâ Zâfîr
4. yâ Salmân
5. yâ Ulrich
6. yâ Detlef

1001 Düfte

18

Düften kommt in der Tradition und Kultur der Arabischen Welt eine große Bedeutung zu. Die Herstellung von wohlriechenden Duft- und Räucherstoffen sowie Parfüm zählt zu den ältesten traditionellen Metiers.
Jede Araberin besitzt eine Vielzahl an Flaschen, Flacons, Tiegeln oder Döschen mit den aromatischsten Duftstoffen und auch Männer lieben es, sich in Wohlgeruch zu hüllen.
Blumige Duftöle und auf Ölbasis hergestellte Parfümarten werden nicht nur auf die Haut, sondern auch auf Kleidung und Kopfbedekkung getropft. Jasmin-, Zitronen- und Limonenöle sind bevorzugte Aromen, Amber und Moschus als Aphrodisiaka sehr beliebt.
Weihrauch ist der verbreitetste Duftstoff, der entweder pur verbrannt wird oder Bestandteil anderer Duftmischungen ist. Es gibt eine Vielzahl von Räuchermischungen *(bukhûr)* aus wechselnden Ingredienzen wie eben Weihrauch, Sandelholz, Myrrhe, Moschus, Safran, Rosenblätter, Blütenöle oder diverse Dufthölzer. Jede Familie hat ihre eigenen, traditionellen Rezepte, die von der Mutter an die Töchter weitergegeben werden.
Mit Räucherstoffen parfümieren Araber gerne Wohnräume und Kleidung. Dazu wird der Duftstoff auf einen Räuchertopf mit glühender Kohle gelegt, wo er langsam verglimmt. Viele verleihen ihren Haaren oder Bärten ein rauchiges Odeur.

Düfte für den Gast
Ein ehrerbietiger Willkommens- oder Abschiedsgruß ist das Besprengen des Kopfes und der Hände mit Rosenwasser.
Alternativ reicht man dem Gast auch ein Gefäß mit glimmendem Räucherwerk zum Zufächern oder eine Flasche Parfüm, um die Handgelenke zu besprühen.

19

Wie im Garten Eden

Etagenanbau
In den Oasengärten werden die Pflanzungen in drei Etagen angebaut: Auf dem Boden gedeihen verschiedene Gemüsesorten und Futtergräser für die Tiere. Auf der mittleren Etage finden sich kleinere Obstbäume wie Bananen, Orangen und Zitronen, sowie Hibiskus- und Hennasträucher. Wie ein mächtiger Sonnenschirm schützen die ausladenden Palmwedel der Dattelbäume die unteren Pflanzen vor den sengenden Sonnenstrahlen.

Endlich ist Oliver bei Khalîls Onkel Ṯâhâ angekommen – *al-ẖamdu li-llâh* (= Gottlob). Aber je länger die Reise, um so herzlicher der Empfang: *Tasurru-nâ ziyârat-ak* (= Uns erfreut dein Besuch), sagt Ṯâhâ zur Begrüßung. *Hal taẖtâdj 'ilâ 'ayy shay'?* (= Brauchst du irgendetwas?) und *tafaḏḏal, al-bayt bayt-ak!* (= Bitte, das Haus ist dein Haus!) – so zollt er seinem Gast Respekt. Oliver bedankt sich und findet: *hâdhâ mithl al-djanna* (= Das ist wie im Paradies). Muslime glauben, das Paradies sei ein großer, üppiger Garten, der im siebten Himmel liegt. Und so haben Oasengärten etwas Paradiesisches, nicht nur für diejenigen, die lange und mühsam durch das Wüstenmeer reisen mussten, um eine solche grüne Insel zu erreichen.
Das Lebenselixier Wasser beziehen die Oasen aus gegrabenen Brunnen oder aus Flüssen, die meist nur saisonal Wasser führen. Der Mensch besiegt die Wasserknappheit auch mittels ausgeklügelter unterirdischer Sammelsysteme, die von Ostturkestan über Afghanistan, Balutschistan, Oman, Jemen bis Nordafrika verbreitet sind. Das Bauprinzip all dieser Anlagen ist ähnlich: Quell- oder Grundwasser wird in unterirdischen Sickergalerien oder Stollen mit leichtem Gefälle mitunter kilometerweit talabwärts geleitet, um dann am Ende in die Gärten zu fließen.

Tasurru-nâ ziyârat-ak

2/34

tasurru	sie erfreut
al-'abnâ'	die Söhne
fur<u>s</u>a sa*îda	glückliche Gelegenheit
thamâniya 'aulâd	acht Kinder
al-banât	die Töchter/die Mädchen
tu*djib	sie gefällt
al-balad	das Land
al-'asâbî*	die Wochen
al-qarya	das Dorf
al-'ashhur	die Monate
'abqâ	ich bleibe

● Yâ Oliver, tasurru-nâ ziyârat-ak. — Oliver, uns erfreut dein Besuch.

■ Tasurru-nî ziyârat-akum 'ay<u>d</u>an. — Ich bin auch erfreut, euch zu besuchen.

● Hâdhihi zaudjat-î wa hâ'ulâ' 'abnâ'-î. — Dies ist meine Frau und dies sind meine Söhne.

■ Fur<u>s</u>a sa*îda. — Angenehm.

● *ind-î thamâniya 'aulâd. — Ich habe acht Kinder.

■ Thamâniya 'aulâd? — Acht Kinder?

● Na*am, 'arba*a 'abnâ' wa 'arba* banât. — Ja, vier Jungen und vier Mädchen.

■ *â'ilat-ak la<u>t</u>îfa djiddan, yâ <u>T</u>âhâ. — Deine Familie ist sehr nett, <u>T</u>âhâ.

● Shukran, al-<u>h</u>amdu li-llâh. Mundhu matâ 'ant fî balad-î? — Danke, Gottlob. Seit wann bist du in meinem Land?

■ 'anâ hunâ mundhu thalâtha 'asâbî*. — Ich bin hier seit drei Wochen.

● Hal qaryat-î tu*djib-ak? — Mein Dorf gefällt dir?

■ Tu*djib-nî qaryat-ak. 'u<u>h</u>ibb 'an 'abqâ thalâtha 'ashhur hunâ. — Mir gefällt dein Dorf. Ich würde gerne drei Monate hier bleiben.

Plural, unregelmäßig
Da hilft nur auswendig lernen:
'usbû:* Woche
'asâbî:* Wochen
shahr: Monat
'ashhur: Monate
'ibn: Sohn
'abnâ': Söhne
walad: Kind/Junge
'aulâd: Kinder/Jungen

fur<u>s</u>a sa*îda
Wörtlich: glückliche Gelegenheit, sagt man, wenn man über neue Bekanntschaften erfreut ist.

Söhne
Umgangssprachlich oft *'aulâd* – Jungs.

tasurru-nâ ziyârat-ak
Das Verb *tasurru* (w) bezieht sich auf *ziyâra* (w). Ebenso: *qaryat-î tu*djib-ak*.

Übungen

Hier sind beide Antworten möglich. Suchen Sie die bejahende heraus.

1. Welche Erwiderung ist zustimmend?

2/35

1. Tasurru-nâ ziyârat-ak.
   a ☐ Lâ tasurru-nî ziyârat-akum.
   b ☐ Tasurru-nî ziyârat-akum 'aydan.
2. Kân as-safar tawîl?
   a ☐ As-safar mâ kân tawîl.
   b ☐ As-safar kân tawîl, wa lâkin djamîl.
3. 'ant fî balad-î mundhu thalâtha 'asâbî* faqat, sahîh?
   a ☐ Sahîh 'anâ hunâ mundhu thalâtha 'asâbî*.
   b ☐ Mush sahîh, 'anâ hunâ mundhu thalâtha 'ashhur.
4. Hal qaryat-î tu*djib-ak?
   a ☐ Qaryat-ak djamîla djiddan.
   b ☐ Al-qarya mush djamîla.

Übersetzen Sie bitte den Kindersegen ins Arabische.

2. Meine Kinder

1. Ich habe acht Kinder. Vier Söhne und vier Töchter.
2. Ich habe sechs Kinder. Drei Söhne und drei Töchter.
3. Ich habe neun Kinder. Fünf Söhne und vier Töchter.
4. Ich habe sieben Kinder. Sechs Söhne und eine Tochter.

Hier sind besitzanzeigende Endungen gefragt. Mit *tu*djib-nâ/-nî* kann man nur Gefallen an weiblichen Hauptwörtern finden, doch das umfasst immerhin fast alle arabischen Länder- oder Ortsangaben.

3. Gefallen

*Yâ Lothar, hal qaryat-î **tu*djib-ak**?*
*Na*am, yâ Sâbir, qaryat-ak **tu*djib-nî**.*

1. Yâ Lothar, hal ______________ qaryat-î ______________?
   Na*am, yâ Sâbir, ______________ qaryat-ak ______________.
2. Yâ Laylâ, hal ______________ qaryat-î ______________?
   Na*am, yâ Ulrich, ______________ qaryat-ak ______________.
3. Yâ Heinz wa Tim, hal ______________ qaryat-î ______________?
   Na*am, yâ Nâzim, ______________ qaryat-ak ______________.
4. Yâ Klaus-Otto, hal ______________ balad-î ______________?
   Na*am, yâ Rosalinde ______________ balad-ik ______________.
5. Yâ Marion, hal ______________ balad-î ______________?
   Na*am, yâ Heidi, ______________ balad-ik ______________.
6. Yâ Yahya wa Ilhâm, hal ______________ balad-î ______________?
   Na*am, yâ Michaela, ______________ balad-ik ______________.

Al-bayt bayt-ak

2/36

at-tamr	die getrockneten Datteln
al-hadîqa	der Garten
'akthar min	mehr als
mâ shâ'a llâh	wie herrlich (was Gott will)
khams mi'at nakhla	500 Dattelbäume
tahtâdj	du benötigst
yurâm	ist gewünscht
al-bayt	das Haus
al-djanna	das Paradies
'ashkur	ich danke

● Tafaddal, yâ Oliver, khudh tamr.	Bitte, Oliver, nimm getrocknete Datteln.
■ Ladhîdh, yâ Tâhâ, shukran.	Lecker, Tâhâ, danke.
● At-tamr min hadîqat-î. *ind-î 'akthar min khams mi'at nakhla.	Die getrockneten Datteln sind aus meinem Garten. Ich habe mehr als 500 Dattelbäume.
■ Mâ shâ'a llâh!	Wie herrlich!
● Hal tahtâdj 'ilâ 'ayy shay'?	Brauchst du irgendetwas?
■ Shukran, kull shay' *alâ mâ yurâm.	Danke, alles ist so, wie es gewünscht ist.
● Tafaddal, yâ Oliver, al-bayt bayt-ak.	Bitte, Oliver, das Haus ist dein Haus.
■ 'ashkur-ak. Hâdhâ mithl al-djanna.	Ich danke dir. Das ist wie im Paradies.

mâ shâ'a llâh
„Was Gott will", Ausdruck der Bewunderung.

al-bayt bayt-ak
wörtlich übersetzt „das Haus ist dein Haus", meint: „mein Haus ist dein Haus".

'akthar min
= mehr als. Bei Vergleichen mit:
–*'akthar:* mehr, am meisten
– *kathîr:* viel

Danke, danke
shukran: danke
shukran djazîlan: vielen Dank
'alf shukr: tausend Dank
'ashkur: ich danke

Übungen

Antworten Sie, dass „alles wie gewünscht" ist bzw. Sie nichts brauchen.

1. Brauchst du irgendetwas?

2/37

*Shukran, kull shay' *alâ mâ yurâm.*

1. Yâ Matthias, hal tahtâdj 'ilâ 'ayy shay'?
2. Yâ Mûsâ, hal tahtâdj 'ilâ 'ayy shay'?
3. Yâ Mûnir, hal tahtâdj 'ilâ 'ayy shay'?
4. Yâ Michael, hal tahtâdj 'ilâ 'ayy shay'?
5. Yâ Samîr, hal tahtâdj 'ilâ 'ayy shay'?

Als Gast sollte man sich so manche Aussage lieber verkneifen ... Die anderen dürfen Sie ankreuzen und sich gut merken.

2. Welche Erwiderung ist höflich?

1. Nahn tasurru-nâ ziyârat-ak.
   a ☐ Tasurru-nî ziyârat-akum 'aydan.
   b ☐ Ziyârat-akum lâ tasurru-nî.
2. Hal tahtâdj 'ilâ 'ayy shay'?
   a ☐ 'a*tî-nî *asîr laymûn wa hummus wa shawarma wa halwâ! Bi-sur*a!
   b ☐ profesora de alemán.
3. Hal tu*djib-ak *â'ilat-î?
   a ☐ Lâ, *â'ilat-ak mush latîfa.
   b ☐ *â'ilat-ak latîfa djiddan.
4. Tafaddal, al-bayt bayt-ak.
   a ☐ 'ashkur-ak.
   b ☐ Bayt-î 'akbar min bayt-ak.

Sammler oder Angeber unter sich ... aber auch für ganz profane Dinge könnte man das arabische „mehr als" gebrauchen. Wie bitte, das kostet *'akthar min mi'atayn wa 'arba*în lîra?*

3. Mehr als ...

1. *ind-î ______________________ khams mi'at nakhla fî hadîqat-î.
2. Hal *ind-ak ____________ khamsa tawâbi* khâssa min swîsrâ?
3. Elisabeth *ind-hâ ____ khamsata *ashar hadiyya min sadîq-hâ.
4. Fî __________________________________ *ishrîn ghurfa fî bayt-î.
5. *ind-nâ _____________________ 'ithnâ *ashar *iqd min al-fidda.
6. Holger *ind-u ____ thalâth mi'a wa thalâthîn djarîda *arabiyya.

Übersetzen Sie diese Danksagungen bitte ins Deutsche. Beachten Sie die feinen Unterschiede in der Bedeutung.

4. Danke

1. shukran
2. 'ashkur
3. shukran djazîlan
4. 'alf shukr

Dattelpalmen

Für die Wüstenbewohner war die Nutzung der Dattelpalme (*Phoenix dactylifera*) seit jeher von großer Bedeutung. Nur eine Handvoll Datteln, zusammen mit frisch gemolkener Kamel- oder Ziegenmilch, war – und ist – für viele Nomaden die wichtigste Energiequelle.

Eine gute Ernte bringen Dattelpalmen nur bei intensiver Pflege hervor. Neben Wässern, Düngen und Beschneiden des Baumes sowie der Pflege der heranreifenden Früchte fällt der Bestäubung eine wichtige Rolle zu. Da die männlichen Bäume keine Datteln tragen, werden sie nicht in den Gärten angepflanzt. Die Befruchtung jedes einzelnen weiblichen Blütenstandes muss daher von Hand erfolgen und ist entsprechend arbeitsaufwendig.

Die arabische Sprache ehrt die Frucht mit über 500 Namen und einer guten Köchin fällt es leicht, jeden Tag des Monats eine andere Dattelspeise zu servieren.

Doch eine Dattelpalme bringt nicht nur nahrhafte Früchte hervor. Ihr Holz ist ein wichtiges Material beim Hausbau und aus Palmwedeln und Strünken werden Dächer von Lehmhütten oder auch ganze Häuschen hergestellt und Gehöfte eingezäunt. Palmen liefern Brennmaterial und auch bei der Herstellung von Gebrauchsgegenständen wie Seilen, Matten, Säcken, Körben, Taschen, Kleiderständern, Kinderwiegen, Kamelsätteln oder Fischreusen sind sie von Bedeutung. Selbst abgestorbene Blätter und Dattelkerne können an Ziegen, Esel und Kamele verfüttert werden.

„Baum des Leben"
so wird die Dattelpalme wegen ihrer großen Bedeutung auch genannt und als ein Geschenk Gottes angesehen.

Altes arabisches Sprichwort
Dattelbäume gehören „mit den Füßen ins Wasser und mit dem Kopf ins Feuer". Sie benötigen trockene Luft, viel Sonne und dauernd große Mengen Wasser.

20

Tausend Dank

Beduinisches Gastrecht ist heute noch ein Gewohnheitsrecht, allerdings muss der Besucher einen Friedensgruß aussprechen. Das Gastrecht währt im Allgemeinen drei Tage, danach setzt der Gast seine Reise fort und steht noch drei weitere Tage unter dem Schutz des Wortes.

Jede Reise geht einmal zu Ende. So auch Olivers Besuch bei T̲âhâ. Nach der Rückfahrt steht Khalîl am Busbahnhof, um seinen Freund abzuholen. Es gibt ein großes Hallo und Oliver muss gleich von den Erlebnissen der letzten Tage berichten.
Wenig später ist dann auch schon der Tag der Abreise nach Deutschland gekommen, und für Oliver und Khalîls heißt es Abschied nehmen von der Familie. Fâtima ist traurig und wünscht den beiden: *safar sa*îd* (= glückliche Reise). *Yâ Oliver,* sagt sie, *al-marra l-qâdima ta*âl ma*a *â'ilat-ak!* (= Oliver, das nächste Mal komm mit deiner Familie!)
Vor lauter Aufregung hätte Oliver bald noch die Geschenke von Onkel T̲âhâ vergessen; typisch Arabisch hat er ihm Datteln, Weihrauch und ein Döschen der familieneigenen Räuchermischung mitgegeben.
Oliver bedankt sich für alles: *'alf shukr *alâ h̲arârat 'istiqbâl-akum* (= Tausend Dank für euren warmherzigen Empfang). *Lan 'ansâ hâdhihi z-ziyâra* (= ich werde diesen Besuch nicht vergessen), fügt er an.
Wer weiß, vielleicht sehen sich schon alle bald wieder – *'in shâ'a llâh!*

As-safar kân *azîm

2/38

*azîm	großartig
kânû	sie waren
latîfîn	nett
kânat	sie war
qabl	vor
'a*tâ	er hat gegeben
yaum as-sabt	Samstag
nusâfir	wir reisen
yaum al-'arba*â'	Mittwoch
al-'ayyâm	die Tage

● 'ahlan yâ Oliver! Kayf kân as-safar?	Hallo, Oliver! Wie war die Reise?
■ 'ahlan yâ sadiq-î Khalîl! As-safar kân *azîm.	Hallo, mein Freund Khalîl! Die Reise war großartig.
● Wa khâl-î Tâhâ? Kayf hâl-hu?	Und mein Onkel Tâhâ? Wie geht es ihm?
■ Huwa kwayyis. Kull-hum kânû latîfîn djiddan.	Es geht ihm ausgezeichnet. Allesamt waren sehr nett.
● 'a*rif.	Ich weiß.
■ Hadîqat-hu djamîla, wa kabîra.	Sein Garten ist schön und groß.
● Hadîqat-hu kânat 'akbar qabl 'arba* sanawât.	Sein Garten war vor vier Jahren größer.
■ Sahîh?!	Wirklich?!
● 'a*tâk tamr hadiyya, sahîh?	Er hat getrocknete Datteln als Geschenk mitgegeben, richtig?
■ Sahîh, tamr kathîr.	Richtig, viele getrocknete Datteln.
● Yâ khasâra! Sa-nusâfir 'ilâ 'almâniyâ yaum as-sabt.	Schade! Wir werden am Samstag nach Deutschland reisen.
■ Al-yaum yaum al-'arba*â', nahn hunâ 'arba*a 'ayyâm.	Heute ist Mittwoch, wir sind vier Tage hier.

Formen von sein:
– Gegenwart: müssen nicht gebraucht werden.
– Vergangenheit: müssen gebraucht werden.

„Sein" in der Vergangenheit: Grundform ist 3. Person Einzahl (m): *kân* = er war, er ist gewesen, er war gewesen.

Die Wochentage
yaum as-sabt: Samstag
yaum al-ahad: Sonntag
yaum al-ithnain: Montag
yaum al-thalâthâ': Dienstag
*yaum al-'arba*â':* Mittwoch
yaum al-khamîs: Donnerstag
*yaum al-djuma*â:* Freitag

Tipp: funktioniert auch ohne *yaum* = Tag.

Übungen

As-safar kân ... (Die Reise war ...)
Dafür kennen Sie schon viele Wörter. Üben Sie ruhig auch die Verneinungsformen mit im Kopf.

1. Wie war die Reise?

1. wunderbar.
2. schön.
3. ausgezeichnet.
4. teuer.
5. billig.
6. lang.

Alte Übung, alte Regel: Wir geben die Frage vor, suchen Sie bitte die richtige Antwort.

2. Welche Erwiderung passt?

2/39

1. Kayf kân as-safar?	a ☐	As-safar kân t̲awîl wa lâkin djamîl.
	b ☐	As-safar kân t̲awîla wa lâkin djamîla.
2. H̲adîqat T̲âhâ djamîla, s̲ah̲îh̲?	a ☐	S̲ah̲îh̲, wa kabîra.
	b ☐	S̲ah̲îh̲, wa kazbara.
3. Hal 'a*t̲âk tamr hadiyya?	a ☐	Na*am, tamr 'akbar.
	b ☐	Na*am, tamr kathîr.
4. Hal tu*djib-ak *â'ilat-î?	a ☐	Kull-shay' kânû lat̲îfîn djiddan.
	b ☐	Kull-hum kânû lat̲îfîn djiddan.

Übersetzen Sie diese Sätze bitte ins Deutsche. Sehen Sie sich genau an, wie die Vergangenheitsformen von „sein" gebraucht werden.

3. Vergangenheit

1. As-safar 'ilâ Götz kân mumtâz.
2. H̲adîqat 'akh-î kânat djamîla.
3. Kull-hum kânû mabsût̲în.
4. Khâl-hu kân fî 'almâniyâ.
5. *â'ilat-hâ kânat kabîra.
6. Thâbit wa Taufîq kânû lat̲îfîn djiddan.

Tja, so ist das mit den arabischen Eigenschaftswörtern: Es gibt sie männlich, weiblich und in der Mehrzahl. Welche Form passt in die Lücke?

4. Nett

a *lat̲îf* b *lat̲îfa* c *lat̲îfîn*

1. Huwa ____________________
2. Hiya ____________________
3. 'antum ____________________
4. Kull-hum ____________________
5. Klaus min 'almâniyâ ____________________
6. Zaudjat-ak ____________________

alf shukr *alâ harârat 'istiqbâl-akum

20 B

2/40

t̲usâfirû	ihr reist
al-marra l-qâdima	das nächste Mal
sallim *alâ!	Grüß!
al-lubân	der Weihrauch
al-bukhûr	die Räuchermischung
al-h̲arâra	die Wärme, die Herzlichkeit
al-'istiqbâl	der Empfang
as̲-s̲adâqa	die Freundschaft
lan 'ansâ	ich werde nicht vergessen

● Yâ khasâra! Sa-tusâfirû 'ilâ 'almâniyâ.	Schade! Ihr werdet nach Deutschland reisen.
■ Na*am, yâ 'umm Khalîl, khasâra!	Ja, Mutter des Khalîl, schade.
● Yâ Oliver, al-marra l-qâdima ta*âl ma*a *â'ilat-ak.	Oliver, das nächste Mal komm mit deiner Familie!
■ 'in shâ'a llâh.	So Gott will!
● Sallim *alâ kull *â'ilat-ak.	Grüß deine ganze Familie!
■ T̲ab*an, bi-kull surûr.	Natürlich, sehr gerne.
● Lâ tansâ t-tamr wa l-bukhûr wa l-lubân min T̲âhâ.	Vergiss nicht die getrockneten Datteln und die Räuchermischung und den Weihrauch von T̲âhâ.
■ 'alf shukr *alâ h̲arârat 'istiqbâl-akum wa s̲adâqat-akum.	Tausend Dank für euren warmherzigen Empfang und eure Freundschaft!
● Lâ shukr *alâ wâdjib. Shukran *alâ ziyârat-akum.	Nichts zu danken. Danke für euren Besuch!
■ Lan 'ansâ hâdhihi z-ziyâra! 'ila l-liqâ', 'in shâ'a llâh.	Ich werde diesen Besuch nicht vergessen! Bis bald, so Gott will.

lan
Verneinung zukünftiger Handlungen und Ereignisse: *lan* + Verb (Gegenwart): *lan 'ansâ:* ich werde nicht vergessen.

shukran *alâ h̲arârat 'istiqbâl-akum
„Danke für euren warmherzigen Empfang" ist ein sehr höflicher Dank für empfangene Gastfreundschaft.

Übungen

Setzen Sie die passende Verbform von „reisen" und einige Zeitangaben auf Arabisch ein.

1. Reisen

1. ________ (ihr reist) 'ilâ 'almâniyâ.
2. ________ (ihr werdet reisen) 'ilâ 'almâniyâ ________ (morgen).
3. ________ (ich reise) 'ilâ 'ukht-î bi-l-bâs.
4. ________ (ich werde reisen) 'ilâ 'ukht-î bi-l-bâs ________ (am Samstag).
5. ________ (wir reisen) bi-t-taksî.
6. ________ (wir werden reisen) bi-t-taksî ________ (am Nachmittag).

Zum letzten Mal dürfen Sie entscheiden und ankreuzen, welche Erwiderung passt.

2. Welche Erwiderung passt?

1. Yâ khasâra! Tusâfirû 'ilâ 'almâniyâ.
   - a ☐ Yâ khasâra!
   - b ☐ 'alf shukr *alâ h̲arârat 'istiqbâl-akum.
2. Al-marra l-qâdima ta*âl ma*a *â'ilat-ak.
   - a ☐ in shâ'a llâh.
   - b ☐ T̲ab*an, bi-kull surûr.
3. 'alf shukr *alâ s̲adâqat-akum.
   - a ☐ Lâ shukr *alâ wâdjib.
   - b ☐ *afwan.
4. Shukran *alâ ziyârat-akum.
   - a ☐ Lan 'ansâ hâdhihi z-ziyâra!
   - b ☐ Tasurru-nî ziyârat-akum.

Was das nächste Mal sein wird, lesen Sie hier. Im Arabischen ist es – wie im Deutschen – oft unerheblich, ob die Verben im Präsens oder im Futur stehen.

3. Das nächste Mal

Al-marra l-qâdima ***ta*âl ma*a *â'ilat-ak.***

1. ta*âl ma*a *â'ilat-ak.
2. sa-'usâfir bi-l-bâs̲.
3. nazûr djaddat-î.
4. sa-'âkul ash-shîsh kabâb.
5. 'urîd 'an 'anâm fî funduq al-djanna.
6. lan 'ansâ an 'ashtarî tadhkâr li-zaudjat-î.

In dieser allerletzten Übung sagen Sie schon das Richtige.

4. Tausend Dank für euren warmherzigen Empfang und eure Freundschaft

2/41

Yâ Nâdir wa Salwâ, *'alf shukr *alâ h̲arârat 'istiqbâl-akum wa s̲adâqat-akum.*

1. Yâ Nâdir wa Salwâ
2. Yâ Yûsuf
3. Yâ 'Amîra
4. Yâ Abû Bakr wa Nizâr
5. Yâ Khâlid
6. Yâ Yâsmîn

Weihrauch

20

„Tränen der Götter" wird dieses wohlriechende Harz auch genannt, das aus der angeritzten Rinde der Weihrauchbäume (*Boswellia carteri*) quillt. Sagenhafte Legenden ranken sich um diese edle Gottesgabe, deren Wert einst mit Gold aufgewogen wurde. Dabei war lange nicht bekannt, was das für ein Stoff war und woher er stammte, denn clevere südarabische Weihrauchhändler hüteten dieses Geheimnis wie ihren Augapfel. Die antike Weihrauchstraße war eine der ältesten Welthandelsstraßen, die zwischen dem 5. Jahrhundert v. Chr. und dem 1. Jahrhundert n. Chr. ihre Blütezeit erlebte.
Sie nahm ihren Anfang im heutigen Südoman, wo der Großteil des Duftharzes geerntet wurde. Per Kamel oder Schiff gelangte es in das Gebiet des heutigen Jemen. Parallel zur Küste des Roten Meeres zogen die Karawanen weiter durch Saudi-Arabien nach Jordanien, von wo Abzweigungen nach Damaskus, Mesopotamien, ins Heilige Land und nach Alexandria führten. Nebenrouten zweigten bereits vom Südoman und Jemen durch die große arabische Wüste zum Persisch-Arabischen Golf ab.
Auf ihrem 80 bis 100 Tage langen Marsch lieferten die Karawanen den abendländischen Abnehmern neben Weihrauch auch wertvolle Gewürze, Edelhölzer, Elfenbein und Seide. Da die Römer glaubten, auch deren Ursprung läge in Südarabien, nannten sie diesen Teil der Welt neidvoll *Arabia felix* – das „glückliche Arabien". Doch Seefahrer transportierten diese Güter aus allen Teilen Ostafrikas und Asiens heran und luden sie in Arabien auf Kamele um. Mit großem händlerischem Geschick gelang es den Arabern, die Oberhand über den Fernhandel zu behalten.

Warum über Land?
Der Weg über das Rote Meer wäre zwar schneller und einfacher gewesen, doch Piraten trieben dort ihr Unwesen; zudem waren die Windverhältnisse ungünstig und stellten selbst für die erfahrenen arabischen Seefahrer eine Gefahr dar.

Hyperkulturell und multifunktional
Römer, Perser, Babylonier, Griechen und Ägypter brauchten das kostbare Harz zu kultischen Zwecken, brachten es ihren Göttern dar, leisteten damit Tributzahlungen oder nutzten es als Medizin.

T Test 5

Oh je, oh je, da sind aber wieder einige Details aus den Hintergrundtexten falsch in Erinnerung – s̲ah̲îh *'au lâ?* Oder haben Sie vor lauter Lerneifer vergessen, diese Texte überhaupt zu lesen?

1. Welche Antwort stimmt?

1. Kamele werden von Beduinen:
   a ☐ als dumme Vielfraße betrachtet.
   b ☐ als Freund und Kamerad gewürdigt.
   c ☐ nur bei Südwind geritten.
2. Nach arabischer Tradition werden Wohnräume oft mit:
   a ☐ Räucherstoffen parfümiert.
   b ☐ Sandelholz ausgelegt.
   c ☐ Moschuslauge ausgewaschen.
3. *bukhûr* ist:
   a ☐ eine seltene Blütensorte, die zu Duftöl verarbeitet wird.
   b ☐ ein traditionelles, hemdartiges Kleidungsstück.
   c ☐ eine wohlriechende Räuchermischung.
4. Dattelbäume benötigen:
   a ☐ viel Sonne und wenig Wasser.
   b ☐ viel Sonne und kontinuierlich große Mengen Wasser.
   c ☐ eine hohe Luftfeuchtigkeit und ein Schattendach.
5. Weihrauch ist:
   a ☐ ein Baumharz.
   b ☐ eine Baumfrucht.
   c ☐ eine Baumwurzel.
6. Die antike Weihrauchstraße:
   a ☐ verlief durch das von Römern „Arabia Foxi“ genannte Gebiet.
   b ☐ war ein wichtiger Seehandelsweg von Südarabien nach Ostfrika.
   c ☐ nahm ihren Anfang im heutigen Südoman.

Eine bunte Mischung von Fragen und Antworten der letzten vier Lektionen. Was passt zusammen.

2. Fragen und Antworten

1. 'ilâ 'ayn safar-ak?
2. Kam as-sâ*a?
3. Hal turîd ghurfa li-shakhs̲ bi-h̲ammâm?
4. Tasurru-nî ziyârat-ak.
5. Mundhu matâ 'ant fî balad-î?
6. 'alf shukr *alâ h̲arârat 'istiqbâl-akum.

a ☐ 'anâ hunâ mundhu khamsa 'ayyâm.
b ☐ Lâ shukr *alâ wâdjib.
c ☐ 'azûr 'akh s̲adîq-î
d ☐ anâ tasurru-nî ziyârat-ik 'ayd̲an.
e ☐ al-*âshira wa rub*.
f ☐ 'urîd ghurfa li-shakhs̲ayn, wa lâkin lâ 'urîd h̲ammâm.

3. Was fehlt?

Welche Wörtchen kommen in die Lücken? Mitunter passen mehrere Formen – nur wo, das wird nicht verraten ...

1. *ind-î __________ aulâd. 'arba*a 'abnâ' wa 'arba* banât.
   a ☐ thamânîn
   b ☐ thamâniya
   c ☐ thamân mi'a
2. Hal tah̲tâdj __________ shay'?
   a ☐ 'au
   b ☐ ayy
   c ☐ 'an
3. As-safar kân __________.
   a ☐ *az̲îm
   b ☐ *ishrîn
   c ☐ rakhîs̲
4. *ind-î __________ khams mi'at nakhla fî h̲adîqat-î.
   a ☐ 'adjmal min
   b ☐ 'akbar min
   c ☐ 'akthar min
5. 'alf shukr *alâ __________.
   a ☐ s̲adâqat-ak.
   b ☐ s̲adîq-ak.
   c ☐ sâdat-ak
6. 'antum __________ 'ilâ swîsrâ ba*d 'arba*a 'asâbî*.
   a ☐ sa-'usâfir
   b ☐ sa-tusâfirû
   c ☐ sa-nusâfir

4. Wie sagt man auf Arabisch?

Ein persönlicher Abschiedsgruß bleibt noch hinzuzufügen:
„Danke für Ihr Interesse und auf Wiedersehen!" – *shukran *alâ 'ihtimâmi-kum wa-ma*a s-salâma!*
Wir hoffen, dass Ihnen dieser „Einstieg arabisch" Spaß gemacht und Erfolge gebracht hat.

1. Bitte, das Haus ist dein (w) Haus.
2. Vielen Dank für euren warmherzigen Empfang.
3. Grüß deine (m) ganze Familie.
4. Allesamt waren sehr nett.
5. Schade! Ich werde heute nach Deutschland reisen.
6. Ich werde diesen Besuch nicht vergessen.

L Lösungsschlüssel

1 A Übungen

1. Bitte nachsprechen Könnten Sie eine Begrüßungszene auch schon ohne Text oder Ton eigenständig konstruieren?

2. Was passt zusammen? **1.** b **2.** c **3.** a

3. Die richtige Reihenfolge **1.** Monika: As-salâm *alay-kum yâ Ilhâm. **2.** Ilhâm: Wa *alay-kum as-salâm. **3.** Monika: Kayf al-h̲âl? **4.** Ilhâm: Al-h̲amdu li-llâh. Kayf al-h̲âl? **5.** Monika: Bi-khayr.

4. Wie geht's? **1.** Kayf al-h̲âl yâ Tina? **2.** Kayf al-h̲âl yâ Sâlim? **3.** Kayf al-h̲âl yâ Uwe? **4.** Kayf al-h̲âl yâ Taufîq? **5.** Kayf al-h̲âl yâ Yâsmîn?

5. Es geht gut **1. 2. 3. 4. 5. 6. 7. 8.** Doch, wirklich: es sind alle acht Antworten richtig.

1 B Übungen

1. Guten Abend **1. Masâ' al-khayr,** yâ Dieter./**Masâ' an-nûr,** yâ Salmân. **2. Masâ' al-khayr,** yâ Fairûz./**Masâ' an-nûr,** yâ Gertrud. **3. Masâ' al-khayr,** yâ Rudolf./**Masâ' an-nûr,** yâ Hudâ. **4. Masâ' al-khayr,** yâ Laylâ./**Masâ' an-nûr,** yâ Ingo.

2. Welche Übersetzung passt? **1.** d **2.** c **3.** b **4.** f **5.** g **6.** a **7.** e Der bestimmte Artikel *al-*, *as-*, *an-* etc. ist männlich oder weiblich, einen sachlichen Artikel – „das" – gibt es im Arabischen nicht.

3. Gespräch mit Mah̲mûd **1.** Masâ' al-khayr, yâ Mah̲mûd. **2.** Masâ' an-nûr. **3.** Hal 'ant ta*bân? **4.** Na*am, 'anâ ta*bân. **5.** Layla sa*îda, yâ Mah̲mûd. **6.** Layla sa*îda.

4. Was fehlt? **1.** 'ahlan **wa** sahlan *Wa* heißt einfach „und". **2.** Kayf al-**h̲â**l? **3.** Masâ' **al**-khayr. **4. Layla** sa*îda. **5.** *Hal* 'ant ta*bân? Mit *hal* werden Entscheidungsfragen eingeleitet. **6.** Masâ' **an**-nûr In der arabischen Schrift steht immer der bestimmte Artikel al-, doch sprachlich wird er in vielen Fällen angepasst. **7.** As-**salâm** *alay-kum.

5. Wie heißt du? **1.** 'ism-î Götz. **2.** 'ism-î Sulaymân. **3.** 'ism-î Djamîla. **4.** 'ism-î Mah̲mûd.

2 A Übungen

1. Guten Morgen **1. S̲abâh̲ al-khayr,** yâ Munîra./**S̲abâh̲ an-nûr,** yâ Sabine. **2. S̲abâh̲ al-khayr,** yâ Jochen./**S̲abâh̲ an-nûr,** yâ Latîf. **3. S̲abâh̲ al-khayr,** yâ Walîd./**S̲abâh̲ an-nûr,** yâ Dirk. **4. S̲abâh̲ al-khayr,** yâ Margarete./**S̲abâh̲ an-nûr,** yâ Salmân.

2. Welche Übersetzung passt? **1.** a **2.** b **3.** b **4.** a

3. Was fehlt? **1. S̲abâh̲** al-khayr, yâ Oliver. **2.** S̲abâh̲ **an-nûr**, yâ 'umm Khalîl. **Kayf** al-hâl? **3. Al-**h̲amdu li-llâh. Tafad̲d̲al **'ishrab** shây. **4.** Shukran. **Fî** sukkar? **5.** Na*am, (fî) **tafad̲d̲a**l. **6. Shukran** djazîlan.

4. Wie lautet die Frage? **1.** Kayf al-h̲âl? **2.** Ma l-'ism? **3.** Min 'ayn 'ant? **4.** Fî shây? **5.** Hal 'ant ta*bân?

5. Woher kommst du? **1.** 'anâ min **'almâniyâ**. **2.** 'anâ min **an-nimsâ** **3.** 'anâ min **swîsrâ**. **4.** 'anâ min **sûriyâ**. **5.** 'anâ min **qat̲ar**.

2 B Übungen

1. Was fehlt? **1.** Aladîn **djamîl** wa ta*bân wa **mutazawwid**j. **2.** Bärbel **djamîla** wa ta*bâna wa **mutazawwidja**. **3.** Yâsmîn **djamîla** wa **ta*bâna** wa **mutazawwidja**. **4.** Ralf **djamîl** wa **ta*bân** wa **mutazawwidj**. **5.** Tina **djamîla** wa **ta*bâna** wa **mutazawwidja**. **6.** Mah̲mûd **djamîl** wa **ta*bân** wa **mutazawwidj**.

2. Aus der Heimat **1.** a **2.** b **3.** a **4.** b

3. Fragen Sie Mahmûd **1.** Yâ Mahmûd, fî shây? **2.** Yâ Mahmûd, fî sukkar? **3.** Yâ Mahmûd, *ind-ak 'awlâd? **4.** Yâ Mahmûd, *ind-ak bint? Lassen Sie sich nicht durch das Zahlwort „ein" verwirren, denn dies wird im Arabischen nur genannt, wenn diese Zahl ausdrücklich betont werden soll. Unbestimmte Artikel gibt es nicht.
4. Bilden Sie Sätze **1.** Sabâh al-khayr. **2.** Sabâh an-nûr. **3.** Kayf al-hâl? **4.** Shukran djazîlan. **5.** Hal 'ant mutazawwidj? **6.** Na*am *ind-î bint. **7.** Al-bint djamîla Heißt: die Tochter ist schön, man könnte auch sagen *bint al-djamîla:* „die Tochter der Schönen". **8.** Tafaddal 'ishrab shây.
5. Wie lautet die Frage? **1. Hal** Muhammad mutazawwidj? **2. Hal** Salmân djamîl? **3. Hal** Katrin 'almâniyya? **4. Hal** hiya ta*bâna? **5. Hal** Josef Maier min 'almâniyâ?

3 A Übungen

1. Wie alt bist du? **1.** Mâ *umr-ak yâ Detlef? **2.** Mâ *umr-ik yâ Hanâ? **3.** Mâ *umr-ak yâ Yûsuf? **4.** Mâ *umr-ik yâ Laylâ? **5.** Mâ *umr-ak yâ Nâzim? **6.** Mâ *umr-ik yâ Tamara?
2. Welche Erwiderung passt? **1.** b **2.** a **3.** a **4.** b
3. Fragen Sie auf Arabisch **1.** Yâ Oliver, hal 'ant 'almânî? **2.** Yâ Oliver, hal 'ant mutazawwidj? **3.** Yâ Oliver, hal *ind-ak bint? **4.** Yâ Oliver, mâ 'ism zaudjat-ak? Die Anredeform *Yâ Oliver* muss natürlich nicht immer gesagt werden und kann auch am Satzende stehen.
4. Was fehlt? **1.** Yâ Stefan, hal **'an**t mutazawwidj? **2.** Na*am yâ Yahîa, **'anâ** mutazawwidj. **3.** Hal ***ind-ak** 'awlâd? **4.** Na*am ***ind-î** 'ibn. **5. Hal** *ind-ak **bint**? **6.** Mâ *ind-î **bint**. **7.** 'in shâ'a llâh ***ind-ak** bint qarîb! **8.** Hal *ind-ak **bint** yâ Yahîa ? **9.** *ind-î bint, **'ism-hâ** Nûr.

3 B Übungen

1. Was ist deine Arbeit? **1.** Mâ *amal-ak yâ Ronald? **2.** Mâ *amal-ak yâ Su*âd? **3.** Mâ *amal-ak yâ Günter? **4.** Mâ *amal-ak yâ Ibrâhîm? **5.** Mâ *amal-ak yâ Karl-Heinz? **6.** Mâ *amal-ak yâ Tâhâ?
2. Welche Erwiderung passt? **1.** b **2.** b **3.** a **4.** a *Shukran, yâ 'umm Khalîl* wäre übrigens eine gute Antwort.
3. Welche Übersetzung passt? **1.** e **2.** g **3.** d **4.** f **5.** c **6.** i **7.** b **8.** a **9.** h
4. Ich habe ... – ich habe kein ... **1.** ***ind-î** khubz./**Mâ *ind-î** khubz. **2.** ***ind-î** bayd./**Mâ *ind-î** bayd. 3. ***ind-î** sukkar./**Mâ *ind-î** sukkar. **4.** ***ind-î** djubna./**Mâ *ind-î** djubna.

4 A Übungen

1. Meine Verwandtschaft **1.** 'akh-î **2.** 'ukht-î **3.** djaddat-î **4.** 'umm-î **5.** 'ibn-î **6.** bint-î Der bestimmte Artikel *al-* vor dem Hauptwort fällt weg, wenn eine Possessivendung angehängt ist.
2. Welche Form passt? **1.** a **Hâdhihi** djubna **1.** b **Hâdhâ** khubz. **2.** a **Hiya** mu*allima. **2.** b **Huwa** duktûr. **3.** a Ellen **bint** Oliver. **3.** b Khalîl **'ibn** Fâtima. **4.** a Klaus **djau*ân**. **4.** b Susi **djau*âna**.
3. Auf Arabisch bitte **1.** 'anâ **2.** 'ant/'anti für männlich bzw. weiblich **3.** huwa **4.** hiya
4. Berufe **1.** duktûr/duktûra **2.** mu*allim/mu*allima **3.** fallâh/fallâha **4.** tâlib/tâliba
5. „Er" oder „sie"? **1. Huwa** duktûr. **2. Hiya** mu*allima. **3. Huw**a fallâh. **4. Huwa** tâlib. **5. Huwa** 'ibn Fâtima. **6. Hiya** 'umm Khalîl.

4 B Übungen

1. Auf Wiedersehen **1.** ma*a s-salâma, yâ Zainab. **2.** Ma*a s-salâma, yâ Salâhaddîn. **3.** Ma*a s-salâma, yâ Mahmûd. **4.** Ma*a s-salâma, yâ Fairûz. **5.** Ma*a s-salâma, yâ Willi. **6.** Ma*a s-salâma, yâ Genoveva.
2. Welche Übersetzung passt? **1.** b **2.** a **3.** a, b **4.** b
3. Die richtige Reihenfolge **1.** Marhaban yâ Yvonne. **2.** Marhaban b-ak yâ Sa*îd. **3.** Hal nadhhab 'ilâ l-madîna? **4.** Tamâm, nadhhab 'ilâ l-madîna. **5.** Yalla, hayyâ bi-nâ yâ Sa*îd!

4. Auf Deutsch bitte **1.** Wie geht's?/Wohlbehalten, Gottlob. 2 Wie geht's dir?/Es geht so. **3.** Bitte, trink Tee/Gut. **4.** Los, iss!/In Ordnung, Mutter. **5.** Gehen wir zum Arzt?/In Ordnung, abgemacht.
5. Los, auf geht's! **1.** Yalla, hayyâ bi-nâ, yâ Bettina. **2.** Yalla, hayyâ bi-nâ, yâ Yûsuf. **3.** Yalla, hayyâ bi-nâ, yâ Toni. **4.** Yalla, hayyâ bi-nâ, yâ Fû'âd. **5.** Yalla, hayyâ bi-nâ, yâ Sâmira. **6.** Yalla, hayyâ bi-nâ, yâ Nuraddîn. Das Wort *yalla* wirkt stets als Verstärkung – es geht auch ohne.

T 1 Test

1. Welche Antwort stimmt? **1.** c **2.** a, b **3.** b **4.** b **5.** c **6.** a
2. Fragen und Antworten **1.** c **2.** e **3.** f **4.** a **5.** b **6.** d
3. Was fehlt? **1.** a **2.** b **3.** b **4.** a **5.** a **6.** c
4. Wie sagt man auf Arabisch? **1.** As-salâm *alay-kum. **2.** Sabâh al-khayr. **3.** Masâ' al-khayr. **4.** Layla sa*îda. **5.** Ma*a s-salâma. **6.** 'in shâ'a llâh.

5 A Übungen

1. Sehr? **1.** Al-bank ba*îd **djiddan**. **2.** Al-bint djamîla **djiddan**. **3.** Zainab djau*âna **djiddan**. **4.** Maktab as-sarf qarîb **djiddan**. **5.** Anne ta*bâna **djiddan**. *djiddan* hat immer die gleiche grammatikalische Form.
2. Welche Erwiderung passt? **1.** b **2.** a **3.** a Beides ist möglich, die Bank ist weit oder sehr weit. **4.** b
3. Weit oder nah? **1.** Maktab as-sarf **qarîb**. **2.** Al-bank **ba*îd**. **3.** Shâri* as-salâm **qarîb**. **4.** Ad-duktûr **ba*îd**. **5.** 'almâniyâ **ba*îda** Fast alle Ländernamen sind weiblich. **6.** Al-madîna **qarîba**.
4. Hier oder dort? **1.** Maktab as-sarf hunâ. **2.** Al-bank hunâk. **3.** Ad-duktûr hunâk. **4.** Al-khubz hunâ.
5. Huwa oder hiya? **1.** Lâ, **huwa** qarîb djiddan. **2.** **Huwa** fî shâri* as-salâm. **3.** Na*am, **hiya** djamîla. **4.** **Huwa** kwayyis. **5.** **Hiya** kwayyisa.

5 B Übungen

1. Die richtige Reihenfolge **1.** **1.** Yâ Sâmit, fî hunâ bank? **2.** Lâ, mâ fî hunâ bank. Fî maktab sarf. **3.** Hal huwa ba*îd min hunâ? **4.** Lâ, maktab as-sarf qarîb djiddan. **5.** Hayyâ bi-nâ. **2.** **1.** 'urîd 'an 'asruf hâdhâ sh-shîk as-siyâhî. **2.** Bi-kull surûr. **3.** Tafaddal, shîkî s-siyâhî. **4.** Shukran. At-tauqî* hunâk min fadl-ak. **5.** Tafaddal, al-flûs.
2. Welche Erwiderung passt? **1.** b Ein simples *shukran* würde einem „Nein, danke" gleichkommen. **2.** a **3.** b **4.** b
3. Ich möchte, dass ... **1.** Ich möchte, dass wir gehen in die Stadt. **2.** Ich möchte, dass wir gehen zur Bank. **3.** Ich möchte, dass ich wechsele diesen Reisescheck. **4.** Ich möchte, dass ich wechsele dieses Geld.
4. Welche Übersetzung passt? **1.** b **2.** d **3.** e **4.** c **5.** a!

6 A Übungen

1. Was fehlt? **1.** Shûf yâ Khalîl, al-**bitâqât** al-djamîla hunâk. **2.** Na*am, **hiya** djamîla. **3.** 'urîd 'an **'ashtarî** hâdhihi l-bitâqât. **4.** Barîd **'ilâ** *â'ilat-ak? **5.** Lâ, al-bitâqât lî-Bettina **faqat**.
2. Welche Erwiderung kam danach? **1.** a **2.** a **3.** b
3. Ich möchte kaufen **1.** 'urîd 'an 'ashtarî bitâqât. **2.** 'urîd 'an 'ashtarî tawâbi*. **3.** 'urîd 'an 'ashtarî sukkar. **4.** 'urîd 'an 'ashtarî shây. **5.** 'urîd 'an 'ashtarî khubz. **6.** 'urîd 'an 'ashtarî djubna.
4. Auf Deutsch bitte **1.** diese Postkarten/Dies sind Postkarten. **2.** diese drei Postkarten/Dies sind drei Postkarten. **3.** diese Briefmarken/Dies sind Briefmarken. **4.** diese schönen Briefmarken/Dies sind schöne Briefmarken. An erster Stelle steht jeweils nur ein Teil eines Satzes, an zweiter Stelle ein vollständiger Satz, auch wenn er kein Verb hat.

5. Wohin gehen wir? **1.** Nadhhab 'ilâ maktab al-barîd. **2.** Nadhhab 'ilâ maktab aṣ-ṣarf. **3.** Nadhhab 'ila l-madîna. **4.** Nadhhab 'ilâ shâri* as-salâm. **5.** Nadhhab 'ila d-duktûr. **6.** Nadhhab 'ilâ 'ukht-î.

6 B Übungen

1. Haben Sie? **1.** Hal *ind-akum ṯawâbi*? **2.** Hal *ind-akum biṯâqât? **3.** Hal *ind-akum ṯawâbi* khâṣṣa? **4.** Hal *ind-akum shîk siyâḥî? **5.** Hal *ind-akum shây? **6.** Hal *ind-akum flûs?
2. Welche Übersetzung passt? **1.** f **2.** c **3.** a **4.** e **5.** b **6.** h **7.** g **8.** d
3. Was sagt man zu wem? **1.** a **2.** b **3.** a **4.** b
4. Dies sind **1.** Hâdhihi ṯawâbi*. **2.** Hâdhihi biṯâqât. **3.** Hâdhihi ṯawâbi* khâṣṣa. **4.** Hâdhihi flûs *Flûs* ist eine Pluralform, wird also grammatikalisch als feminin behandelt. **5.** hâ'ulâ' 'awlâd.
5. Auf Deutsch bitte ... **1.** Drei Briefmarken, bitte. **2.** Mit ganzer Freude (= Sehr gerne) **3.** Als Luftpost, bitte. **4.** In Ordnung, meine Dame **5.** Wie viel (kostet das)? **6.** Zwanzig Pfund, bitte. **7.** Bitte, das Geld. **8.** Danke, meine Dame.

7 A Übungen

1. Besuchen wir? **1. Hal nazûr** 'akh-î Salmân? **2. Hal nazûr** 'ukht-î Zainab? 3. **Hal nazûr** djaddat-î Salmâ? **4. Hal nazûr** khâl-î Ṯâhâ?
2. Welche Erwiderung passt? **1.** b **2.** a **3.** a **4.** a, b
3. Was gehört zusammen? **1.** b **2.** d **3.** f **4.** c **5.** a **6.** e
4. Bilden Sie Sätze **1.** Hal nazûr 'akh-î Salmân. **2.** Na*am, li-mâdha lâ? **3.** Salmân laṯîf djiddan. **4.** Yaskun fî shâri* as-salâm.
5. Wo wohnt er? **1.** Yaskun **ba*îd min hunâ**. **2.** Yaskun **qarîb**. **3.** Yaskun **qarîb min maktab al-barîd**. **4.** Yaskun **fî hâdhihi l-madîna**. **5.** Yaskun **fî shâri* as-salâm**. **6.** Yaskun **hunâk**.

7 B Übungen

1. Hallo **1.** 'ahlan yâ Sa*id. **2.** 'ahlan yâ Zainab. **3.** 'ahlan yâ Maḥmûd. **4.** 'ahlan yâ Claudia. **5.** 'ahlan yâ Dieter. **6.** 'ahlan yâ Ibrâhîm.
2. Welche Frage passt? **1.** b **2.** a **3.** a **4.** a
3. Hat er? **1.** Hal *ind-u **ḥummâ**? **2.** Hal *ind-u **'alam fi r-ra's? 3.** Hal *ind-u **'alam fi l-batn**? **4.** Hal *ind-u **'alam al-ḥubb**?
4. Nein, er hat kein ... **1. Mâ** *ind-u 'alam fi l-baṯn. **2. Mâ** *ind-u 'alam al-ḥubb. **3. Mâ** *ind-u shây. **4. Lâ, mâ** *ind-u ḥummâ. **5. Lâ, mâ** *ind-u 'alam fi r-râ's. **6. Lâ, mâ** *ind-u sukkar. Man könnte überall auch „ich habe“: **ind-î* oder „du hast“: **ind-ak/*ind-ik* oder „sie hat“: **ind-hâ* einsetzen.
5. Beim Arzt **1. 3. 4. 6. 9.**

8 A Übungen

1. Wer spricht? **1.** Ẕâfir **yatakallam. 2.** Wilhelm **yatakallam. 3.** *abdulwahhâb **yatakallam. 4.** Tim **yatakallam.**
2. Welche Erwiderung passt? **1.** a Wegen der männlichen Possessivendung *-ak* ist ist die männliche Form *kwayyis* entscheidend. **2.** a **3.** b
3. Und wie geht's dir? **1.** Wa kayf **ḥâl-ak** yâ Ḥassan? **2.** Wa kayf **ḥâl-ik** yâ Monika? **3.** Wa kayf **ḥâl-ak** yâ Markus? **4.** Wa kayf **ḥâl-ak** yâ Walîd? **5.** Wa kayf **ḥâl-ik** yâ Fâṯima? **6.** Wa kayf **ḥâl-ik** yâ Michaela?
4. Bitte beantworten **1.** Salmân yatakallam/'ibn-hâ (Salmân) yatakallam. **2.** Al-mûsîqâ *âliya djiddan. **3.** Al-yaum ba*d aẕ-ẕuhr Oliver zâr-nî. **4.** Hal mumkin 'an 'atakallam ma*a Oliver?

5. Kann ich mit ... sprechen? **1.** Hal mumkin 'an 'atakallam ma*a Sigrun? **2.** Hal mumkin 'an 'atakallam ma*a Bernd? **3.** Hal mumkin 'an 'atakallam ma*a Yâsmîn? **4.** Hal mumkin 'an 'atakallam ma*a S̲âbir-Lat̲îf? **5.** Hal mumkin 'an 'atakallam ma*a as-sayyid Willi? **6.** Hal mumkin 'an 'atakallam ma*a as-sayyida Laylâ? Der Fragepartikel *hal* kann jedesmal auch weggelassen werden, bei **5.** und **6.** entfällt auch der Nachname.

8 B Übungen

1. Seid ihr zufrieden? Ja, wir sind zufrieden. **1.** Yâ Dieter, yâ Beate. Hal **'antum** mabsût̲în?/Na*am, nah̲n **mabsût̲în**. **2.** Yâ *uthmân, yâ Nizâr. Hal **'antum** mabsût̲în?/Na*am, nah̲n **mabsût̲în**. **3.** Yâ Max, yâ Moriz. Hal **'antum** mabsût̲în?/Na*am, nah̲n **mabsût̲în**. **4.** Yâ Mabrûka, yâ Thâbit. Hal **'antum** mabsût̲în?/Na*am, nah̲n **mabsût̲în**.

2. Welche Erwiderung passt? **1.** b **2.** b **3.** a **4.** b

3. Bitte nachsprechen Denken Sie daran: Alle genannten Zahlen sind männlich, auch wenn sie ein *-a* am Wortende haben! Die weiblichen Zahlworte sollten Sie sich danach genauer ansehen.

4. Meine Telefonnummer **1.** thalâtha – thalâtha – thalâtha – thamâniya – sab*a – thamâniya **2.** khamsa – sitta – tis*a – thamâniya – khamsa – wâh̲id **3.** wâh̲id – 'arba*a – thalâtha – khamsa – sitta – 'ithnîn **4.** thamâniya – 'arba*a – tis*a – khamsa – khamsa – sab*a

5. Bis später? **1.** 'ila l-liqâ' yâ Nâz̲im. **2.** 'ila l-liqâ' yâ Tamara. **3.** 'ila l-liqâ' yâ Yûsuf. **4.** 'ila l-liqâ' yâ Laylâ. **5.** 'ila l-liqâ' yâ Detlef. **6.** 'ila l-liqâ' yâ Hilde.

T 2 Test

1. Welche Antwort stimmt? **1.** c **2.** a, b **3.** b **4.** a **5.** c **6.** b

2. Fragen und Antworten **1.** e **2.** d **3.** a **4.** f **5.** c **6.** b

3. Was fehlt? **1.** c, a **2.** c **3.** a **4.** a **5.** b **6.** b

4. Wie sagt man auf Arabisch? **1.** Shûf, hâdhihi l-bit̲âqât al-djamîla min almâniyâ. **2.** Yâ Susi, 'anâ lâ 'asma*-ik. **3.** Raqm hâtif-î khamsa – sitta – tis*a – thamâniya – sab*a – wâh̲id. **4.** Yâ Samîra, 'urîd 'an 'atakallam ma*a Laylâ, min fad̲l-ik. **5.** (Hal) mumkin an 'ashtarî hâdhihi l-djubna, yâ sayyid-î? **6.** 'ilâ l-liqâ'.

9 A Übungen

1. Ich kenne nicht ... **1.** Lâ 'a*rif al-djâmi* al-kabîr. **2.** Lâ 'a*rif al-math̲af. **3.** Lâ 'a*rif as-sûq. **4.** Lâ 'a*rif maktab al-barîd. **5.** Lâ 'a*rif al-lugha al-*arabiyya. **6.** Lâ 'a*rif Jonas as-swîsrî.

2. Welche Erwiderung passt? **1.** a, b **2.** a, b **3.** a, b **4.** a, b Wie gesagt, sogar mehrere Mehrfachantworten waren möglich.

3. Möchtest du, dass ...? **1.** Turîd 'an nadhhab 'ilâ l-math̲af? **2.** Turîd 'an nazûr as-sûq? **3.** Turîd 'an naqûm bi-djawla fi l-madîna al-qadîma? **4.** Turîd 'an nazûr djaddat-î? **5.** Turîd 'an 'ashtarî khubz?

6. Turîd 'an nadhhab 'ilâ d-duktûr?

4. Müssen **1.** **Lâzim** nadhhab 'ilâ l-djâmi* al-kabîr. **2.** **Lâzim** nazûr al-math̲af. **3.** **Lâzim** 'atakallam al-lugha al-arabiya. **4.** **Lâzim** yatakallam ma*a Uwe. **5.** **Lâzim** 'as̲ruf hâdhâ sh-shîk as-siyâh̲î. **6.** **Lâzim** 'ashtarî t̲awâbi*.

9 B Übungen

1. Nicht **1.** Al-djâmi* **mush** kabîr. **2.** Al-bint **mush** djamîla. **3.** Marion **mush** djau*âna. **4.** Huwa **mush** marîd̲. **5.** Annegret **mush** ta*bâna. **6.** Nah̲n **mush** mabsût̲în.

2. Welche Erwiderung ist zustimmend? **1.** b **2.** b **3.** a **4.** a

3. Was fehlt? **1.** Al-djâmi* al-kabîr **kabîr** djiddan. **2.** Huwa **'akbar** djâmi* fî hâdhihi l-madîna. **3.** Lâ 'a*rif djâmi* **'akbar min** hâdhâ. **4.** Hal mumkin **'an** 'azûr-u? **5.** Lâ, **al-'ân** lâ. **6.** Hal **mumkin** 'an 'us̲awwir al-djâmi*? **7.** Mumkin, **mush** mushkila.

4. Verboten – erlaubt **1.** Hâdhâ **mamnû***. **2.** Hâdhâ **masmûh**. **3.** Fî mushkila, hâdhâ mamnû*. **4.** Mâ fî mushkila, hâdhâ **masmûh**. **5.** Mush mumkin, hâdhâ **mamnû***. **6.** Mumkin, hâdhâ **masmûh**.

10 A Übungen

1. Wir haben keine **1.** Mâ *ind-nâ djarîda *arabiyya. **2.** Mâ *ind-nâ madjalla. **3.** Mâ *ind-nâ wallâ*a. **4.** Mâ *ind-nâ kibrît. **5.** Mâ *ind-nâ bitâqât. **6.** Mâ *ind-nâ tawâbi* khâssa.
2. Welche Erwiderung passt? **1.** b **2.** a **3.** a **4.** b
3. Die richtige Reihenfolge **1.** 'ahlan wa sahlan yâ sayyidat-î. **2.** 'a*tî-nî hâdhihi l-djarîda min fadl-ak. **3.** Tafaddalî. **4.** Wa *ulbat sadjâyir min fadl-ak.
4. Was wird zu wem gesagt? **1.** zur Frau: a, e, f **2.** zum Mann: b, c, d
5. Ich möchte ... **1.** 'urîd ***ulbat sadjâyir**. **2.** 'urîd **wallâ*a**. **3.** 'urîd **kibrît**. **4.** 'urîd **djarîda**.

10 B Übungen

1. Sind Sie Tourist?! **1.** Hal 'anti sâ'iha?/ Na*am, 'anâ **sâ'iha**. **2.** Hal 'anti **min** 'almâniyâ?/Lâ, 'anâ mush min 'almâniyâ. **3.** Min 'ayn 'anti?/**'anâ** min an-nimsâ. **4.** Kwayyis **'anti** nimsâwiyya./Na*am, 'anâ nimsâwiyya. **5.** Wa 'ant? 'ant min an-nimsâ 'aydan?/Lâ, 'anâ **mush** min an-nimsâ. **6.** Min 'ayn **'ant**?/'anâ min swîsrâ. **7.** Kwayyis 'ant swîsrî. **'ahlan** wa sahlan.
2. Welche Erwiderung passt? **1.** b **2.** b **3.** a **4.** a *Mush muhimm* zu sagen wäre sehr ignorant.
3. Wenn Sie gestatten ...? **1. Lau samahti**, *ind-ik flûs saghîra? **2. Lau samaht/-i**, *ind-akum bayd? **3. Lau samaht/-i**, 'ayn al-mathaf? **4. Lau samaht/-i**, 'ayn shâri* as-salâm? **5. Lau samaht**, tatakallam al-*arabiya?
4. Mit Bedauern **1. Ma*a l-'asaf**, mâ *ind-î flûs saghîra. **2. Ma*a l-'asaf**, mâ *ind-nâ bayd. **3. Ma*a l-'asaf**, lâ 'a*rif al-mathaf. **4. Ma*a l-'asaf**, lâ 'a*rif hâdhihi l-madîna. **5. Ma*a l-'asaf**, lâ 'atakallam al-*arabiyya.

11 A Übungen

1. Was ist das? **1.** Hâdhâ **simsim**. **2.** Hâdhâ **thûm**. **3.** Hâdhâ **hay**l. **4.** Hâdhihi **kazbara**. **5.** Hâdhâ **za*farân**.
2. Welche Erwiderung passt? **1.** a **2.** b **3.** b
3. Was passt zusammen? **1.** d **2.** a **3.** e **4.** f **5.** b **6.** c
4. Was kostet ...? **1.** Bi-kam al-hayl? **2.** Bi-kam ath-thûm? **3.** Bi-kam az-za*farân ? **4.** Bi-kam al-kazbara? **5.** Bi-kam as-simsim?
5. Teuer – billig **1.** Al-hayl **ghâlî**. **2.** Ath-thûm **rakhîs**. **3.** Az-za*farân **ghâlî**. **4.** Al-**kazbara rakhîsa.** Weibliches Eigenschaftswort, weil *kazbara* ein weibliches Hauptwort ist. **5.** As-simsim **rakhîs**.

11 B Übungen

1. Bitte nachsprechen
2. Was ist das Gegenteil, a oder b? **1.** b **2.** b **3.** a **4.** b
3. 10 bis 19 **1.** khamsata *ashar kîlû **2.** 'ithnâ *ashar kîlû **3.** 'arba*ata *ashar kîlû **4.** tis*ata *ashar kîlû **5.** 'ihda *ashar kîlû **6.** sab*ata *ashar kîlû **7.** thalâta *ashar kîlû **8.** thamânta *ashar kîlû
4. Dialog mit Lücken **1.** Fî tâwila **mithl** hâdhihi sawdâ'? **2.** Ma*a l-**'asaf**, lâ. Wa âakin hâdhihi t-tâwila djamîla. **3.** Wa lâkin-hâ **thaqîla**. **4.** Hiya **mush** thaqîla, khamsata *ashar kîlû faqat. **5.** Khamsata *ashar kîlû! At-tâwila thaqîla **djiddan**! **6.** Wa lakin hiya djamîla wa l-**bunnî** djamîl. *amal yad mumtâz. **7.** Shukran, lâ 'urîd 'an **'ashtarî** t-tâwila. Ma*a s-salâma. **8.** Yâ **khasâra**.

12 A Übungen

1. Bitte nachsprechen

2. Welche Erwiderung passt? 1. a **2.** b **3.** b **4.** a

3. Zehnerzahlen 1. 'arba*în lîra **2.** tis*în lîra **3.** thalâthîn lîra **4.** khamsîn lîra **5.** sab*în lîra **6.** sittîn lîra **7.** *ishrîn lîra **8.** mi'at lîra

4. Auf Arabisch bitte 1. Hal hâdhâ l-*iqd min al-fidda? **2.** Na*am, huwa min al-fidda. **3.** Hal hâdhâ l-*iqd qadîm? **4.** Na*am huwa qadîm djiddan djiddan. **5.** Wa lakin ghâlî djiddan djiddan, sahîh? **6.** Lâ, al-*iqd rakhîs. Mi'a wa *ashar lîrât faqat. **7.** Mâdhâ? Sahîh? Ma*a l-'asaf, hâdhâ ghâlî djiddan.

5. Argumente und Gegenargumente 1. Al-*iqd **qadîm djiddan**. **2.** Al-*iqd **mush qadîm**. **3.** Al-*iqd **djamîl djiddan**. **4.** Al-*iqd **mush djamîl**. **5.** Al-*iqd **rakhîs djiddan**. **6.** Al-*iqd **mush rakhîs**. **7.** Al-*iqd **ghâlî djiddan**. **8.** Al-*iqd **mush ghâlî**.

12 B Übungen

1. Bitte nachsprechen

2. Welche Erwiderung passt? 1. a **2.** a **3.** a **4.** a

3. Wie teuer? 1. 'arba* mi'at lîra **2.** mi'atayn lîra **3.** sitt mi'at lîra **4.** thamân mi'at lîra **5.** tis* mi'a wa thamânîn lîra **6.** khams mi'a wa sab*în lîra **7.** sab* mi'a wa *ashar lîrât Das letzte Zahlenelement hinter dem *wa* entscheidet über Einzahl oder Mehrzahl, zehn ist kleiner als elf, also Mehrzahl. **8.** mi'a wa khamsîn lîra

4. Welche Zahl? 1. sab*ata *ashar **2.** khamsa wa 'arba*în **3.** thamâniya wa tis*în **4.** mi'atayn wa sittîn **5.** mi'a wa *ashar **6.** sitt mi'a wa sitta wa sittîn **7.** thamân mi'a wa a 'arba*a wa thalâthîn **8.** thalâtha 'alf wa thalâth mi'a wa thalâtha wa thalâthîn

5. Wie viel wovon? 1. khamsa wa sittîn grâm **2.** khams mi'a wa thamâniya wa sab*în kîlû **3.** thamâniya tawâbi* **4.** tis* bitâqât **5.** khams mi'a wa thamân lîrât **6.** tis*a 'alf wa sab* mi'a wa 'arba*în lîra **7.** 'arba*a wa sittîn tâwila **8.** khams mi'a wa khamsa wa khamsîn sûra Zu 7. und 8.: Auch wenn die arabischen Hauptwörter „Tisch“ und „Foto“ weiblich sind, so werden die Einerzahlen vor Zehnerzahlen stets nur in der männlichen Form gesprochen.

T 3 Test

1. Welche Antwort stimmt? 1. b **2.** a **3.** a **4.** a **5.** b **6.** c

2. Fragen und Antworten 1. b **2.** d **3.** f **4.** a **5.** c **6.** e a passt auch zu 1. oder 2.

3. Was fehlt? 1. c **2.** b **3.** c **4.** b **5.** a **6.** b

4. Wie sagt man auf Arabisch? 1. Mâ râ'y-ak, turîd 'an nazûr as-sûq? **2.** Bi-kull surûr. 'urîd 'an 'ashtarî tadhkâr li-Susi. **3.** Shûf, al-*iqd hunâk. **4.** Huwa djamîl djiddan, sahîh? *amal yad mumtâz. **5.** Lau samaht, bi-kam hâdhâ l-*iqd? **6.** Huwa rakhîs, rakhîs djiddan, faqat thalâtha 'alf wa sab* mi'a wa khamsîn lîra.

13 A Übungen

1. Ich bin einverstanden 1. Na*am 'anâ **muwâfiq**. **2.** Na*am 'anâ **muwâfiqa**. **3.** Na*am 'anâ **muwâfiq**. **4.** Na*am 'anâ **muwâfiqa**. **5.** Na*am 'anâ **muwâfiq**.

2. Welche Erwiderung passt? 1. a **2.** b **3.** a

3. Trinken wir in diesem Café etwas? 1., 2., 4., 6., 9.

4. Wir haben (keine) Zeit 1. Tamâm, ***ind-nâ** waqt. **2.** Ma*a l-'asaf, **mâ *ind-nâ** waqt. **3.** Tayyib, ***ind-nâ** waqt. **4.** Lâ, **mâ *ind-nâ** waqt al-yaum. **5.** Li-mâdhâ lâ? ***ind-nâ** waqt. **6.** Hayyâ bi-nâ. ***ind-nâ** waqt.

13 B Übungen

1. Getränkekarte **1.** f **2.** d **3.** g **4.** e **5.** b **6.** c **7.** a
2. Welche Erwiderung passt? **1.** a, b **2.** a, b **3.** a **4.** b Eine Toilette könnte zwar rein theoretisch auch neben einem Museum sein, aber meist hat jedes Café seine eigene Toilette, irgendwo dort zwischen Küche und Speisekammer …
3. Besitztümer **1.** wallâ*at Hildegart **2.** kibrît Taufîq **3.** madjallat ad-duktûr **4.** djarîdat al-mu*allima **5.** tâwilat khâl-nâ **6.** flûs 'ukht-î **7.** *iqd as-sayyida **8.** tadhkâr as-sayyid Eigennamen sind von sich aus bestimmt und auch Worte mit Possessivendungen, sie brauchen also keinen Artikel mehr.
4. Wo ist? **1. 'ayn** *asîr al-fawâkih? **2. 'ayn** al-qahwa? **3. 'ayn** as-sukkar? **4. 'ayn** al-mâ' al-ma*danî? **5. 'ayn** al-hammâm? **6. 'ayn** al-garsûn?

14 A Übungen

1. Ich bin hungrig **1.** Ich bin hungrig. **2.** Ich bin nicht hungrig. **3.** Ich bin nicht sehr hungrig. **4.** Ich bin sehr hungrig.
2. Welche Erwiderung passt? **1.** b **2.** b **3.** a **4.** b
3. Umformulieren bitte **1.** Nashrab halîb. **2.** 'ufaddil shîsh kabâb. **3.** Turîd muqabbilât. **4.** Tatakallam al-lugha al-*arabiyya.
4. Was fehlt? **1.** Hal hâdhihi t-tâwila **bi-djânib** an-nâfidha khâliya? **2.** Tafaddalû **'idjlisû**. **3.** 'ahdir **qa'imat at-ta*am** min fadl-ak. **4.** Tayyib. **Shukran**.
5. Bring **1.** 'ahdir qa'imat at-ta*am. **2.** 'ahdir mâ' ma*danî. **3.** 'ahdir *asîr burtuqâl. **4.** 'ahdir shîsh kabâb. **5.** 'ahdir khubz. **6.** 'ahdir shây bi-hayl.

14 B Übungen

1. Das ist lecker **1.** Al-mutabbal ladhîdh. **2.** Al-hummus ladhîdh. **3.** Ash-shîsh kabâb ladhîdh. **4.** Al-bayd ladhîdh. **5.** *asîr al-burtuqâl ladhîdh. **6.** Ash-shây ladhîdh. **7.** Al-qahwa ladhîdha *qahwa* ist ein weibliches Wort, zu erkennen an der Endung *-a*, also muss auch das Eigenschaftswort weiblich sein.
2. Welche Erwiderung passt? **1.** a *mutabbal* wird aus Auberginen, nicht aus Eiern gemacht. **2.** a **3.** a Oder möchten Sie die Peperonisoße fotografieren? **4.** b
3. Aufforderungen auf Arabisch **1.** Yâ garsûn, **'ahdir (kul)** ash-shîsh kabâb min fadl-ak. **2.** Yâ Yâsmîn, **khudhî ('a*tî-nî)** al-wallâ*a! **3.** Yalla, **kul ('ahdir)** al-hummus yâ Xaver! **4.** Tafaddalû **'idjlisû** bi-djânib an-nâfidha. **5.** Yâ Tina, **'a*tî-nî (khudhî)** al-flûs bi-sur*a! **6.** Yalla yâ Achim, **ta*âl** 'ilâ hunâ! **7. 'ishrab** al-qahwa yâ Mahmûd!
4. Alles Essen? **3. 6. 7. 9. 11. 12.**

15 A Übungen

1. Danke für die Einladung **1.** Yâ Zainab, shukran li-d-da*wa. **2.** Yâ Mahmûd, shukran li-d-da*wa. **3.** Yâ Salâhdîn, shukran li-d-da*wa. **4.** Yâ *umar, shukran li-d-da*wa. **5.** Yâ Ibrâhîm wa Nûr, shukran li-d-da*wa. **6.** Yâ Heidi wa Josef, shukran li-d-da*wa.
2. Welche Erwiderung passt? **1.** a **2.** b **3.** b
3. Alles Gute **1.** Kull *âm wa **'anti** bi-khayr, yâ Yâsmîn. **2.** Kull *âm wa **'ant** bi-khayr, yâ Walîd. **3.** Kull *âm wa **'antum** bi-khayr, yâ Nûr wa Latif. **4.** Kull *âm wa **'ant** bi-khayr, yâ 'akh-î. **5.** Kull *âm wa **'antum** bi-khayr, yâ Fâtima wa Mustafâ. **6.** Kull *âm wa **'anti** bi-khayr, yâ umm-î.
4. Bilden Sie Sätze **1.** Shukran li-d-da*wa. **2.** Shukran *alâ ziyârat-akum. **3.** *îd mîlâd sa*îd. **4.** Kull *âm wa 'ant bi-khayr! **5.** Tafaddal hâdhihi hadiyya. **6.** 'alf shukr.
5. Danke für … **1.** Shukran *alâ **ziyârat-akum**. **2.** Shukran *alâ **ziyârat-ak**, yâ Munîr. **3.** Shukran *alâ **ziyârat-ik**, yâ Yvonne. **4.** Shukran *alâ **ziyârat-ik**, yâ Rosi. **5.** Shukran *alâ **ziyârat-ak**, yâ Hassan.

15 B Übungen

1. Ausgezeichnet **1.** Al-halwâ mumtâza. **2.** Ash-shây mumtâz. **3.** Al-qahwa mumtâza. **4.** *asîr al-burtuqâl mumtâz. **5.** *asîr al-laymûn mumtâz. **6.** Al-fawâkih mumtâza.
2. Welche Erwiderung ist höflich? **1.** a **2.** a **3.** b **4.** a
3. Essen und trinken **1.** 'âkul fawâkih. **2.** Ta'kul fawâkih. **3.** Yâ Walter, kul al-fawâkih! **4.** 'ashrab *asîr fawâkih. **5.** Nashrab *asîr fawâkih. **6.** Yâ Klaus, 'ishrab *asîr al-fawâkih. Den Aufforderungen könnte zur Verstärkung auch jeweils ein *yalla* zugefügt werden.
4. Nachschlag **1.** Hal mumkin 'an 'akhudh qalîl **min al-fawâkih**? **2.** Hal mumkin 'an 'akhudh qalîl **min al-halwâ bi-l-lauz**? **3.** Hal mumkin 'an 'akhudh qalîl **min ash-shîsh kabâb**? **4.** Hal mumkin 'an 'akhudh qalîl **min al-qahwa bi-l-hayl**? **5.** Hal mumkin 'an 'akhudh qalîl **min al-hummus**?
5. Ich bin satt **1.** Ich bin satt. **2.** Ich bin nicht hungig. **3.** Ich bin nicht hungrig, ich bin satt. **4.** Ich möchte nicht viel essen.

16 A Übungen

1. Ich lade zum Abendessen ein **1.** 'uhibb 'an 'ad*u kull-akum li-l-*ashâ'. **2.** 'uhibb 'an 'ad*u kull al-*aîla li-l-*ashâ'. **3.** 'uhibb 'an 'ad*u-ak li-l-*ashâ'. **4.** 'uhibb 'an 'ad*u-ik li-l-*ashâ'. **5.** 'uhibb 'an 'ad*u Georg li-l-*ashâ'. **6.** 'uhibb 'an 'ad*u Salmâ li-l-*ashâ'.
2. Welche Erwiderung passt? **1.** a, b **2.** a, b **3.** a, b **4.** a, b Nicht nur, dass jeweils beide Antworten richtig sind, es haben auch jeweils beide Erwiderungen einen ähnlichen Inhalt.
3. Umformulieren bitte **1.** 'uhibb 'an 'ad*u kull al-*aîla li-**l-ghadâ'**. **2.** 'urîd 'an nadhhab 'ilâ **mat*am. 3. Al-fûl** ladhîdh. **4.** 'ahdir **al-'akl** min fadl-ak.
4. Speisekarte **1.** d **2.** e **3.** g **4.** f **5.** c **6.** a **7.** b
5. Nichts zu danken **1.** Lâ shukr *alâ wâdjib, yâ Bill. **2.** Lâ shukr *alâ wâdjib, yâ Monika. **3.** Lâ shukr *alâ wâdjib, yâ Mona. **4.** Lâ shukr *alâ wâdjib, yâ Lisa. **5.** Lâ shukr *alâ wâdjib, yâ Tom. **6.** Lâ shukr *alâ wâdjib, yâ Jerry.

16 B Übungen

1. Gibt es … oder …? **1. Fî** fûl **'au** mutabbal? **2. Fî** hummus **'au** tabûla? **3. Fî** shawarma **'au** samak mashwî? **4. Fî** tîn **'au** baqlâwa? **5. Fî** fawâkih **'au** halwâ?
2. Welche Erwiderung ist höflich? **1.** a **2.** b **3.** a **4.** b *Mâ fî min tahliya *ind-akum* heißt „Was von den Nachspeisen haben Sie?" Folgt dem *mâ fî* ein *min*, so heißt es „Was von den …" und nicht etwa „Es gibt nicht".
3. Was …? **1.** Mâdhâ **turîdî** yâ sayyidat-î? **2.** Mâdhâ **ta'kulî** yâ sayyidat-î? **3.** Mâdhâ **turîdî 'an ta'kulî** yâ sayyidat-î? **4.** Mâdhâ **turîd** yâ sayyid-î? **5.** Mâdhâ **ta'kul** yâ sayyid-î? **6.** Mâdhâ **turîd 'an ta'kul** yâ sayyid-î? **7.** Mâdhâ **'urîd**? **8.** Mâdhâ **sa-'âkul**? Hier muss mit *sa-* die Zukunftsform gebildet werden, sonst macht der Satz wenig Sinn. **9.** Mâdhâ **'urîd'** an 'âkul?
4. Nicht lecker **1.** At-tabûla **mush ladhîdha**. **2.** Al-baqlâwa **mush ladhîdha**. **3.** Al-mutabbal **mush ladhîdh**. **4.** Ash-shîsh kabâb **mush ladhîdh**. **5.** Al-tîn **mush ladhîdh**. **6.** Ash-shawrma **mush ladhîdha**.

T 4 Test

1. Welche Antwort stimmt? **1.** b **2.** c **3.** a, b **4.** c **5.** a, c **6.** a
2. Fragen und Antworten **1.** d **2.** b **3.** a **4.** e **5.** f **6.** c
3. Was fehlt? **1.** a **2.** a **3.** b **4.** c **5.** c **6.** b
4. Wie sagt man auf Arabisch? **1.** 'akhudh fawâkih. **2.** Khudh al-fawâkih yâ Bernd! **3.** 'ashrab halîb. **4.** 'ishrab al-halîb yâ Yûsuf! **5.** 'âkul shîsh kabâb. **6.** Kul ash-shîsh kabâb yâ Hussain!

17 A Übungen

1. Bitte nachsprechen
2. Welche Erwiderung passt? **1.** b **2.** a **3.** a **4.** b
3. Bus fahren **1. 2. 5.**
4. Um wie viel Uhr? **1.** fî s-sâ*a ath-thâmina **2.** fî s-sâ*a ar-râbi*a **3.** fî s-sâ*a at-tâsi*a **4.** fî s-sâ*a al-*âshira **5.** fî s-sâ*a as-sâdisa **6.** fî s-sâ*a al-khâmisa
5. Wann? **1. Matâ** yasil l-bâs? **2. Matâ** tatakallam ma*a Rainer? **3. Matâ** nashrab shay' fî maqhâ? **4. Matâ** turîdî 'an tashrabî al-halîb?

17 B Übungen

1. Ich besuche **1.** 'azûr **sadîq-î**. **2.** 'azûr **khâl-î**. **3.** 'azûr **'ukht-î**. **4.** 'azûr **bint-î**.
2. Wie beenden Sie den Satz sinnvoll? **1.** b **2.** a **3.** a **4.** b
3. Gegenwart – Zukunft **1.** Sa-'anâm fî funduq. **2.** Sa-'usâfir bi-l-bâs. **3.** Sa-'ashtarî *iqd min al-fidda. **4.** Sa-'usawwir djimâl. **5.** Sa-'azûr al-mathaf.
4. Gute Reise **1.** Safar sa*îd, yâ sayyid-î. **2.** Safar sa*îd, yâ sayyidat-î. **3.** Safar sa*îd, yâ Nidâl. **4.** Safar sa*îd, yâ Fayrûz. **5.** Safar sa*îd, yâ Tarzan wa Jane. **6.** Safar sa*îd, yâ Joachim. **7.** Safar sa*îd, yâ Elfi.

18 A Übungen

1. Seit **1. Mundhu** khamsata *ashar sâ*a. **2. Mundhu** s-sâ*a ath-thâmina. **3. Mundhu** s-sâ*a *âshira wa rub*. **4. Mundhu** s-sâ*a al-*âshira. **5. Mundhu** l-yaum. **6. Mundhu** ba*d az-zuhr.
2. Welche Erwiderung passt? **1.** b **2.** a **3.** a **4.** a Je nach dem, welche „Absteige" man gewählt hat, könnte man auf die Frage nach einem eigenen Bad durchaus die Antwort „Spaßvogel!" ernten.
3. Umformulieren bitte **1.** Fî ghurfa **bi-lâ hammâm**/Fî ghurfa **bi-dûn hammâm**? **2.** 'urîd **ghurfa li-shakhsayn**. **3.** Mundhu **daqîqa**. **4.** Min fadl-ik **tauqî*-ik**.
4. Bilden Sie Sätze **1.** Kam as-sâ*a?/As-sâ*a kam? **2.** As-sâ*a al-*âshira wa rub*. **3.** Hal *ind-akum ghurfa khâliya? **4.** Turîd ghurfa li-shakhsayn? **5.** Al-ghurfa bi-hammâm. **6.** Min fadl-ak 'imla' hâdhihi l-'istimâra./'imla' hâdhihi l-'istimâra min fadl-ak.
5. Halb und Viertel **1. a** as-sâ*a ath-thâmina wa nusf **b** nusf kîlû tîn **2. a** as-sâ*a al-*âshira wa rub* **b** rub* kîlû lauz

18 B Übungen

1. Vorhanden/anwesend **1.** Al-mâ' as-sâkhin **maudjûd** dâ'iman. **2.** Fî funduq mumtâz **maudjûd** fî shâri* as-salâm. **3.** Al-hadiyya li-sayyida Cordula **maudjûda**. **4. Fî** tâwila mithl hâdhihi bunnî **maudjûda**?
2. Welche Erwiderung passt? **1.** b **2.** a **3.** b
3. Wie viel Uhr? **1.** die achte Stunde = acht Uhr **2.** die achte Stunde und eine Hälfte = halb neun **3.** die achte Stunde und ein Viertel = viertel nach acht **4.** die achte Stunde minus ein Viertel = viertel vor acht **5.** die achte Stunde und ein Drittel = zwanzig nach acht **6.** die achte Stunde minus ein Drittel = zwanzig vor acht
4. Keine Sorge **1.** Lâ tahmil hamm, yâ sayyid-î. **2.** Lâ tahmil hamm, yâ sayyid Robert. **3.** Lâ tahmil hamm, yâ Zâfir. **4.** Lâ tahmil hamm, yâ Salmân. **5.** Lâ tahmil hamm, yâ Ulrich. **6.** Lâ tahmil hamm, yâ Detlef.

19 A Übungen

1. Welche Erwiderung ist zustimmend? **1.** b **2.** b **3.** a **4.** a In den verneinten Antworten zu 1.–3. sind drei Arten der Negation wiederholt: *mâ, lâ* und *mush*.

2. Meine Kinder **1.** *ind-î thamâniya awlâd. 'arba*a 'abnâ' wa 'arba* banât. **2.** *ind-î sitta 'awlâd. thalâtha 'abnâ' wa thalâth banât. **3.** *ind-î tis*a awlâd. khamsa 'abnâ' wa 'arba* banât. **4.** *ind-î sab*a 'awlâd. sitta 'abnâ' wa bint Eine Tochter heißt einfach *bint*, ohne Zahlwort. Beim Satz „Eine Tochter nur" wäre „eins" betont und es müsste das Zahlwort stehen: *wâhid bint faqat*.

3. Gefallen **1.** Yâ Lothar, hal qaryat-î **tu*djib-ak**?/Na*am, yâ S̲âbir, qaryat-ak **tu*djib-nî**. **2.** Yâ Laylâ, hal qaryat-î **tu*djib-ik**?/Na*am, yâ Ulrich, qaryat-ak **tu*djib-nî**. **3.** Yâ Heinz wa Tim, hal qaryat-î **tu*djib-akum**?/Na*am, yâ Nâs̲im, qaryat-ak **tu*djib-nâ**. **4.** Yâ Klaus-Otto, hal balad-î **tu*djib-ak**?/Na*am, yâ Rosalinde balad-ik **tu*djib-nî**. **5.** Yâ Marion, hal balad-î **tu*djib-ik**?/Na*am, yâ Heidi, balad-ik **tu*djib-nî**. **6.** Yâ Yah̲ya wa Ilhâm, hal balad-î **tu*djib-akum**?/Na*am, yâ Michaela, balad-ik **tu*djib-nâ**.

19 B Übungen

1. Brauchst du irgendetwas? **1.** Shukran, kull shay' *alâ mâ yurâm. **2.** Shukran, kull shay' *alâ mâ yurâm. **3.** Shukran, kull shay' *alâ mâ yurâm. **4.** Shukran, kull shay' *alâ mâ yurâm. **5.** Shukran, kull shay' *alâ mâ yurâm.

2. Welche Erwiderung ist höflich? **1.** a **2.** b **3.** b **4.** a

3. Mehr als ... **1.** *ind-î **'akthar min** khams mi'at nakhla fî h̲adîqat-î. **2.** Hal *ind-ak **'akthar min** khamsa t̲awâbi* khâs̲s̲a min swîsrâ? **3.** Elisabeth *ind-hâ **'akthar min** khamsata *ashar hadiyya min s̲adîq-hâ. **4.** Fî **'akthar min** *ishrîn ghurfa fî bayt-î. **5.** *ind-nâ **'akthar min** 'ithnâ *ashar *iqd min al-fid̲d̲a. **6.** Holger *ind-u **'akthar min** thalâth mi'a wa thalâthîn djarîda *arabiyya.

4. Danke **1.** Danke **2.** Ich danke **3.** Vielen Dank **4.** Tausend Dank

20 A Übungen

1. Wie war die Reise? **1.** As-safar kân **râ'i***. **2.** As-safar kân **djamîl**. **3.** As-safar kân **mumtâz**. **4.** As-safar kân **ghâlî**. **5.** As-safar kân **rakhîs̲**. **6.** As-safar kân **t̲awîl**.

2. Welche Erwiderung passt? **1.** a **2.** a **3.** b **4.** b

3. Vergangenheit **1.** Die Reise zu Götz war ausgezeichnet. **2.** Der Garten meines Bruders war schön Hier wurde *kânat* – „sie war" – gebraucht, weil das Substantiv des Satzes das feminine Wort Garten, nicht der Bruder ist. **3.** Allesamt waren zufrieden. **4.** Sein Onkel war in Deutschland. **5.** Ihre Familie war groß. **6.** Thabît und Taufîq waren sehr nett.

4. Nett **1.** a **2.** b **3.** c **4.** c **5.** a **6.** b Nicht nett: *mush lat̲îf*; sehr nett: *lat̲îf djiddan*.

20 B Übungen

1. Reisen **1. Tusâfirû** 'ilâ 'almâniyâ. **2. Sa-tusâfirû** 'ilâ 'almâniyâ **ghadan**. **3. 'usâfir** 'ilâ 'ukht-î bi-l-bâs̲. **4. Sa-'usâfir** 'ilâ 'ukht-î bi-l-bâs̲ **yaum as-sabt. 5. Nusâfir** bi-t-taksî. **6. Sa-nusâfir** bi-t-taksî **ba*d az̲-z̲uhr**.

2. Welche Erwiderung passt? **1.** a b klingt zwar nett, würde aber nicht in den Zusammenhang passen. **2.** a, b **3.** a, b **4.** a, b

3. Das nächste Mal **1.** Al-marra l-qâdima **ta*âl ma*a *â'ilat-ak**. **2.** Al-marra l-qadima **sa-'usâfir bi-l-bâs̲**. **3.** Al-marra l-qâdima **nazûr djaddat-î**. **4.** Al-marra l-qâdima **sa-'âkul ash-shîsh kabâb**. **5.** Al-marra l-qâdima **'urîd 'an 'anâm fî funduq al-djanna**. **6.** Al-marra l-qâdima **lan 'ansâ an 'ashtarî tadhkâr li-zaudjat-î.**

4. Tausend Dank für euren warmherzigen Empfang und eure Freundschaft **1.** Yâ Nâdir wa Salwâ, 'alf shukr *alâ h̲arârat 'istiqbâl-akum wa s̲adaqat-akum. **2.** Yâ Yûsuf, 'alf shukr *alâ harârat 'istiqbâl-ak wa s̲adaqat-ak. **3.** Yâ 'Amîra, 'alf shukr *alâ h̲arârat 'istiqbâl-ik wa s̲adaqat-ik. **4.** Yâ Abû Bakr wa Nizâr, 'alf shukr *alâ h̲arârat 'istiqbâl-akum wa s̲adaqat-akum. **5.** Yâ Khâlid, 'alf shukr *alâ h̲arârat 'istiqbâl-ak wa s̲adaqat-ak. **6.** Yâ Yâsmîn, 'alf shukr *alâ h̲arârat 'istiqbâl-ik wa s̲adaqat-ik.

T 5 Test

1. Welche Antwort stimmt? **1.** b **2.** a **3.** c **4.** b **5.** a **6.** c
2. Fragen und Antworten **1.** c **2.** e **3.** f **4.** d **5.** a **6.** b
3. Was fehlt? **1.** b **2.** b **3.** a, c **4.** c **5.** a **6.** b
4. Wie sagt man auf Arabisch? **1.** Tafad̲d̲alî, al-bayt bayt-ik. **2.** Shukran djazîlan *alâ h̲arârat 'istiqbâl-akum. **3.** Sallim *alâ kull *â'ilat-ak. **4.** Kull-hum kânû lat̲îfîn djiddan. **5.** Yâ khasâra! 'usâfir 'ilâ 'almâniyâ al-yaum. **6.** Lan 'ansâ hâdhihi z-ziyâra.

K Kurzgrammatik

Grundlage für dieses Buch ist Medium Arabic, das moderne, in allen arabischen Ländern verbreitete vereinfachte Hocharabisch.

Die arabische Sprache

Arabisch gehört zu den semitischen Sprachen, doch Arabisch ist nicht gleich Arabisch: Es gibt drei Arten, die sich zum Teil erheblich voneinander unterscheiden:

- Das klassische Hocharabisch, ist die Sprache des *qur'ân* (Koran), eine Schriftsprache, die sich seit dem siebten Jahrhundert, der Zeit des Propheten Mu<u>h</u>ammad nicht verändert hat. Nur in der Religion hat das klassische Arabisch heute noch Bedeutung.
- Das moderne Hocharabisch (*al-fushâ*: das sprachlich Reine) hat eine im Vergleich vereinfachte Grammatik und einen zeitgemäßen Wortschatz. Es ist zugleich die gemeinsame Schriftsprache aller Araber und wird in Medien, in Literatur, in Handel und Politik gebraucht.

Das im vorliegenden Buch vermittelte gesprochene Medium Arabic hat sich der Umgangssprache angenähert und vereinfacht das moderne Hocharabisch. Es besitzt aber keine festen Normen und variiert von Land zu Land, von Dialekt zu Dialekt.

- Regionaldialekte, d. h. die Sprachen des Alltags, unterscheiden sich zum Teil stark in Wortschatz, Aussprache und Grammatik, etwa wie norddeutsches Platt vom Kölsch. Daher spricht man auch beispielsweise von Ägyptisch-Arabisch, Syrisch-Arabisch oder Jemenitisch-Arabisch.

Das arabische Alphabet besteht aus 28 Buchstaben, die von rechts nach links aneinandergefügt werden.
Es gibt nur drei Selbstlaute (*a, i, u*) die gedehnt oder kurz gesprochen werden. Achtung: Lange Selbstlaute (*â, î, û*) bestimmen die Bedeutung des Wortes, kurze sind weniger wichtig und werden beim Schreiben weggelassen.
Einen „o"-Laut gibt es im Hocharabischen nicht.

Verwirrung
Die Aussprache des „a" kann bis hin zum „ä" variieren, was dann in der Umschrift als „e" wiedergegeben wird. Es gibt eine Vielzahl lateinischer Umschriften. Sie sollten sich nicht irritieren lassen, wenn in verschiedenen Büchern ein Begriff mal mit „a", mal mit „e" oder mal mit „i" umschrieben wird. Der kurze Vokal verändert die Bedeutung nicht, es kann sich jeweils um dasselbe Wort handeln.

Ein solides Fundament
Mit den Grundkenntnissen, die Sie in diesem Buch erwerben, wird es Ihnen leicht fallen, sich in jeden arabischen Dialekt und auch in die Schriftsprache einzuarbeiten.

Post oder Kälte?
Lange Vokale mit Bedeutung, z. B.: *barîd* – „Post", *bârid* – „kalt". Daraus ist zu sehen, dass es sehr wichtig ist, die Selbstlaute korrekt kurz bzw. lang auszusprechen.

Umschrift und Aussprache
In diesem Buch ist die Aussprache aller arabischen Wörter mit möglichst entsprechenden lateinischen Buchstaben dargestellt. Einige Buchstaben sind mit Sonderzeichen versehen, denn es gibt

im Arabischen Laute, die im Deutschen unbekannt sind und für die es daher keine lateinischen Buchstaben gibt.
Eine allgemeingültige Umschreibung des arabischen Phonetik-Systems existiert nicht. So kommt es durchaus vor, dass das gleiche arabische Wort unterschiedlich wiedergegeben wird.

Die in diesem Buch gebrauchten Buchstaben und Sonderzeichen:

dj „dsch", wie in „Dschungel" (in manchen Ländern, z. B. Ägypten auch „g" gesprochen)
gh nicht gerolltes „r" (wie im französischen „rouge", mit dem Halszäpfchen gebildet)
th wie im englischen „three" (scharf gesprochen, Zunge an den oberen Schneidezähnen)
dh wie das englische „this" (weich gesprochen, Zunge an den oberen Schneidezähnen)
kh wie „ch" in „Bach" (nicht wie in „ich")
sh „sch"
s̲ velarisierter Laut, dumpfes, stimmloses „s" (gepresst gesprochen, nachfolgender Selbstlaut wird dunkel artikuliert)
s scharfes „s" (wie in reißen)
h immer auszusprechen, etwa wie im deutschen Hals (kein Dehnungslaut wie in Mehl)
h̲ kräftig gehauchtes „h" (weit hinten in der Kehle gebildet)
r auf der Zungenspitze gerolltes „r"
q tiefes, in der Kehle gesprochenes „k" (wie in karg, Zungenrücken gegen das Halszäpfchen, nachfolgender Selbstlaut dunkel)
z stimmhaftes „s" (wie in reisen)
z̲ velarisierter, stimmhafter „s"-Laut, (gepresst gesprochen, nachfolgender Selbstlaut dunkel, in manchen Ländern oder Gebieten auch „t"-ähnlich gesprochen)
d̲ velarisierter „d"-Laut (dumpf, gepresst gesprochen, nachfolgender Selbstlaut dunkel)
d „d"
t̲ velarisierter „t"-Laut, dumpf artikuliert (etwa wie in Torf, gepresst, nachfolgender Selbstlaut dunkel)
t „t"
w mit den Lippen geformter Mittellaut zwischen „w" und „u" (etwa wie im englischen water; *aw* etwa wie im deutschen Bau)
y Laut zwischen „i" und „j" (wie beim deutschen Ja; *ay* etwa wie im deutschen Mai)
f „f"
b „b"
l „l"
n „n"
m „m"
k „k"
â langes, gedehntes „a" (wie im deutschen lahm)
a kurzes, unbetontes „a" (wie im deutschen Lamm)
û langes, gedehntes „u" (wie im deutschen Gruß)
u kurzes, unbetontes „u" (wie im deutschen Kuss)
î langes, gedehntes „i" (wie im deutschen bieten)
i kurzes, unbetontes „i" (wie im deutschen bitten)
' Stimmabsatz (wie in beehren: be'ehren, im Gegensatz zu Beeren. Üben Sie: 'Er 'isst 'ein 'Ei)
* das berüchtigte arabische **ain*: ein aus der Tiefe der Kehle gequetschter Stimmabsatz, „a"-ähnlicher Würgelaut (da die Aussprache des **ain* für Ungeübte schwierig ist, kann man diesen Laut am Anfang auch als Stimmabsatz betrachten)
– Bindestriche zeigen an, dass die Worte in arabischer Schrift zusammengeschrieben werden und dass die Wortteile zusammengehören.

Das gibt's doch nicht
Im Arabischen fehlen einige gängige deutsche Laute. So haben Araber ihre liebe Not, ein „p" auszusprechen und setzen einen *b*-Laut ein.
Statt „w" hört man meist *f*,
statt „g" ein *gh*,
statt „e" oder „ä" ein *î*
und statt „o" oder „ö" ein *û*.

Laaaaang
Unbedingt den Unterschied zwischen langen und kurzen Vokalen beachten. Auch Konsonanten werden lang gesprochen, in der Umschrift ist das durch ihre Verdopplung zu erkennen (die Laute werden lang, nicht verdoppelt gesprochen).

Pausal und gebunden
Dieses Buch und der Tonträger orientieren sich an der pausalen und gebundenen Sprache. Das heißt, dass viele der in der klassischen Schriftsprache auftauchenden Endungen wegfallen und aussprachebedingte Wortbindungen auch als solche im Schriftbild dargestellt sind.

Wortstruktur Wortbildung

Basis für die Wortbildung ist der oft unaussprechbare Wortstamm, der in der Regel aus drei Konsonanten besteht. Durch Zwischenschalten von Vokalen und Hinzufügen von Vor- und Nachsilben werden aus diesem Stamm die einzelnen Wörter gebildet.
Die Wurzel k-t-b beinhaltet beispielsweise alles, was mit Schreiben zu tun hat:

kitâb	geschriebenes, Buch
kutubî	Buchhändler
maktab	Ort, an dem geschrieben wird, Büro

Hauptwörter Artikel und Geschlecht

Es gibt nur ein männliches (m) und ein weibliches (w) grammatikalisches Geschlecht, aber kein sächliches („es"). Im Allgemeinen gilt die Regel, dass alle Haupt- und Eigenschaftswörter, die auf einen Konsonanten enden, männlich sind, wohingegen Wörter mit Auslaut *-a* weiblich sind:

djamîl (m)	*djamîl**a*** (w)
fallâh̲ (m)	*hadîg**a*** (w)
maktab (m)	*madîn**a*** (w)
walad (m)	*mushkil**a*** (w)

Unbestimmter Artikel
Es gibt keinen unbestimmten Artikel (ein, eine). Steht ein Wort ohne Artikel, so ist es unbestimmt:
bayt(ein) Haus *djarîda* (eine) Zeitung

Bestimmter Artikel
Für männlich/weiblich und Einzahl/Mehrzahl gibt es nur einen bestimmten Artikel ***al-***:

al-*'ibn*	der Sohn	***al-****bint*	die Tochter
al-*'abnâ'*	die Söhne	***al-****banât*	die Töchter

Beim Sprechen verschmilzt der bestimmte Artikel mit dem nachfolgenden Wort:
*ma*a l-'asaf* – mit dem Bedauern.

Vor den sogenannten „Sonnenbuchstaben" verändert sich die Aussprache des *al-*. Statt des „*l*" wird der nachfolgende Anfangsbuchstabe des Wortes verdoppelt:

ad-daqîqa	die Minute	*as̱-s̱abaẖ*	der Morgen	*aḏ-ḏaîf*	der Gast
*ash-shâri**	die Straße	*adh-dhahab*	das Gold	*at-tâksî*	das Taxi
al-laẖm	das Fleisch	*aṯ-ṯâlib*	der Student	*an-nâfidha*	das Fenster
ath-thûm	der Knoblauch	*ar-raqm*	die Nummer	*az-ziyâra*	der Besuch
as-sûq	der Markt	*aẕ-ẕuhr*	der Mittag		

Die 14 Sonnenbuchstaben lauten: **d, ḏ, dh, l, n, r, s, s̱, sh, t, ṯ, th, z, ẕ**.
Als Eselsbrücke merken Sie sich die Anfangsbuchstaben von: „**D**er **L**ibanese **N**abîl **r**uft **s**eine **T**ochter **Z**ainab."

Hauptwörter Einzahl - Mehrzahl

Bei den meisten Gegenständen, Tieren oder Pflanzen (aber nicht bei Personen!) ist die Form Einzahl/weiblich gleichzeitig auch Mehrzahl. Das gilt auch für nachfolgende Adjektive: *aṯ-ṯawâbi* djamîla* – die Briefmarken sind schön.

Mehrzahl regelmäßig

Viele Hauptwörter (vor allem Berufsbezeichnungen) und Eigenschaftswörter, die sich auf Menschen und Tiere beziehen, bilden mittels angehängter Endungen (Suffix) eine regelmäßige Mehrzahl:
-în an männliche Wörter
-ât an weibliche Wörter
Haupt- und Eigenschaftswörter müssen bei Personen dieselbe Form haben:

kull al-'aulâd mabsûṯîn	alle Kinder sind zufrieden
Oliver *mabsûṯ*	Oliver ist zufrieden
*mu*allimîn*	Lehrer
*mu*allimât*	Lehrerinnen
*al-mu*allimât at-ta*bânât*	die müden Lehrerinnen

Mehrzahl unregelmäßig

Die meisten Hauptwörter haben eine unregelmäßige Mehrzahlform. Als Orientierung helfen die drei Wurzelkonsonanten, die immer in derselben Reihenfolge stehen. z. B.

funduq	Hotel	*fanâdiq*	Hotels
ghurfa	Zimmer (Ez)	*ghuraf*	Zimmer (Mz)

Dual

Die arabische Sprache kennt zudem eine Art Spezialform für zwei Dinge, zwei Menschen, zwei Tiere usw., z. B.:

shakhs̱ayn	zwei Personen	*mi'atayn*	zweihundert

Hauptwörter zusammengesetzt

Im Arabischen gibt es keine zusammengesetzten Hauptwörter wie im Deutschen (z. B. Passnummer), sondern Verbindungen nach dem Schema „Nummer des Passes".

raqm djawâz	Nummer eines Passes
raqm al-djawâz	Nummer des Passes
raqm djawâz-î	Nummer meines Passes

Auch Besitzverhältnisse werden so angezeigt:

djawâz 'ukht-î	der Pass meiner Schwester

Eigenschaftswörter

Eigenschaftswörter stehen hinter dem Bezugswort. Das Geschlecht (m/w) muss mit dem des Bezugswortes übereinstimmen:

al-funduq ar-rakhîs̲	das billige Hotel
at̲-t̲âliba al-djamîla	die hübsche Studentin

Wie bei den Hauptwörtern gilt:
Endung auf Konsonant – männlich
Endung auf *-a* – weiblich
Endet ein männliches Eigenschaftswort auf ***-î*** oder ***-y***, so wird die weibliche Form mit ***-iya*** gebildet:

âl*î* (m)	**âl**iya*** (w)

Eigenschaftswörter Satzfunktionen
Eigenschaftswörter können zwei Funktionen haben:
1. satzbildend:

Al-bank qarîb.	Die Bank (ist) nahe.
Al-bint djamîla.	Das Mädchen (ist) hübsch.

2. das Hauptwort beschreibend:

bank qarîb	eine nahe Bank	***al**-bank **al**-qarîb*	die nahe Bank
bint djamîla	ein hübsches Mädchen	***al**-bint **al**-djamîla*	das hübsche Mädchen

(Das Eigenschaftswort erhält auch dann den Artikel, wenn das Hauptwort bestimmt ist.)
Kombiniert man beide Funktionen, entstehen auch ohne Tätigkeitswort aussagekräftige Sätze:

Al-bint al-djamîla qarîba.	Das hübsche Mädchen ist nahe.
Al-bank al-qarîb djamîl.	Die nahe Bank ist hübsch.

Wichtige Eigenschaftswörter (m/w)

kabîr/-a	groß	*djamîl/-a*	schön	*rakhîs̲/-a*	billig
marîd̲/-a	krank	*ghâlî/ghâliya*	teuer	*ta*bân/-a*	müde
qarîb/-a	nahe	*mabsût̲/-a*	zufrieden	*ba*îd/-a*	fern
*djau*ân/-a*	hungrig				

Farben (m/w)
Einige Farbwörter haben eine besondere weibliche Form:

'aswad/sawdâ'	schwarz	*'as̲far/s̲afrâ'*	gelb
'ahmar/hamrâ	rot	*'akhd̲ar/khad̲râ'*	grün
'abyad̲/bayd̲â'	weiß	*'asraq/zarqâ'*	blau

Eigenschaftswörter Steigern und Vergleichen

Beim Steigern der Eigenschaftswörter ändert sich die Abfolge ihrer Laute, z. B.:

Grundform		Steigerung/Vergleich	
kabîr	groß	*'akbar*	größer, am größten
djamîl	hübsch, schön	*'adjmal*	schöner, am schönsten

Bei einem Superlativ wird das Hauptwort nachgestellt:

*'akbar djâmi**	die größte Moschee	*'adjmal djâmi**	die schönste Moschee

Beim Vergleichen steht *min* hinter der Steigerung:

'akbar min	größer als	*'adjmal min*	schöner als

Sätze ohne Verb

Das Hilfswort „sein" wird in der Gegenwartsform nicht benutzt. So kann man mit Haupt- und Eigenschaftwörtern ganze Sätze bilden:

Klaus 'almânî.	Klaus ist Deutscher.
*Huwa tâlib fî l-djami*a.*	Er ist Student an der Universität.

Mit *wa* (= und) kann man verblose Sätze verbinden:

Klaus 'almânî wa huwa tâlib.	Klaus ist Deutscher und er ist Student.

Tätigkeitswörter

Im Arabischen genügt die Verbform zur Bezeichnung der Person:
z. B. *nadhhab* wir gehen
(Nur bei besonderer Betonung wird das Personalpronomen hinzugefügt).
Bei der Zeitenbildung ist entscheidend, ob eine Handlung abgeschlossen ist oder nicht.

Zeiten

Man unterscheidet nur zwei Zeiten:

Gegenwart	**Vergangenheit**
(unvollendet)	(vollendet)
Präsens: ich schreibe	Perfekt: ich habe geschrieben
Futur: ich werde schreiben	Imperfekt: ich schrieb

Entsprechende Zeitangaben (gerade, morgen, gestern usw.) stellen den Zusammenhang her. Grundform zur Bildung aller Formen bzw. Zeiten ist die 3. Person Einzahl (m) Perfekt. Hiervon werden alle gebräuchlichen Personen- und Zeitformen abgeleitet.

Tätigkeitswörter Vergangenheit

Tätigkeitswörter vollendeter Handlungen oder Vorgänge werden durch Nachsilben (Suffixe) konjugiert. Dabei gilt im verbalen Sprachgebrauch folgendes Muster:

Endung	Beispiel	Übersetzung
-t	*katabt*	ich schrieb/habe geschrieben
-t	*katabt*	du (m) schriebst/hast geschrieben
-ti	*katabti*	du (w) schriebst/hast geschrieben
-	*katab*	er schrieb/hat geschrieben
-at	*katabat*	sie schrieb/hat geschrieben
-nâ	*katabnâ*	wir schrieben/haben geschrieben
-tu	*katabtû*	ihr schriebt/habt geschrieben
-û	*katabû*	sie schrieben/haben geschrieben

Tätigkeitswörter „war"

In der Vergangenheit muss immer die Form von „sein" stehen. Wie bei allen Verben bildet die Grundform auch hier die 3. Person Einzahl männlich:
kân er war/er ist gewesen/er war gewesen.

Personalpronomen		*kân:* war Übersetzung
'anâ	*kunt*	ich war/ich bin gewesen
'ant	*kunt*	du (m) warst/du warst gewesen
'anti	*kunti*	du (w) warst/du warst gewesen

huwa	*kân*	er war/er war gewesen
hiya	*kânat*	sie war/sie war gewesen
nah̲n	*kunnâ*	wir waren/wir waren gewesen
'antum	*kuntû*	ihr wart/ihr wart gewesen
hum	*kânû*	sie waren/sie waren gewesen

Tätigkeitswörter Gegenwart

Vorsilbe	Endung	Beispiel	Übersetzung
'a-/'u-	-	'azûr	ich besuche
ta-/tu-	-	tazûr	du (m) besuchst
ta-/tu-	-î	tazûrî	du (w) besuchst
ya-/yu-	-	yazûr	er besucht
ta-/tu-	-	tazûr	sie besucht
na-/nu-	-	nazûr	wir besuchen
ta-/tu-	-û	tazûrû	ihr besucht
ya-/yu-	-û	yazû/rû	sie besuchen

besuchen		sprechen		lieben, mögen	
'azûr	ich besuche	*'atakallam*	ich spreche	*'uh̲ibb*	ich mag
tazûr	du (m) besuchst	*tatakallam*	du (m) sprichst	*tuh̲ibb*	du (m) magst
tazûrî	du (w) besuchst	*tatakallamî*	du (w) sprichst	*tuh̲ibbî*	du (w) magst
yazûr	er besucht	*yatakallam*	er spricht	*yuh̲ibb*	er mag
tazûr	sie besucht	*tatakallam*	sie spricht	*tuh̲ibb*	sie mag
nazûr	wir besuchen	*natakallam*	wir sprechen	*nuh̲ibb*	wir mögen
tazûrû	ihr besucht	*tatakallamû*	ihr sprecht	*tuh̲ibbû*	ihr mögt
yazûrû	sie besuchen	*yatakallamû*	sie sprechen	*yuh̲ibbû*	sie mögen

mögen, wollen		essen		trinken	
'urîd	ich möchte	*'âkul*	ich esse	*'ashrab*	ich trinke
turîd	du (m) möchtest	*ta'kul*	du (m) isst	*tashrab*	du (m) trinkst
turîdî	du (w) möchtest	*ta'kulî*	du (w) isst	*tashrabî*	du (w) trinkst
yurîd	er möchte	*ya'kul*	er isst	*yashrab*	er trinkt
turîd	sie möchte	*ta'kul*	sie isst	*tashrab*	sie trinkt
nurîd	wir möchten	*na'kul*	wir essen	*nashrab*	wir trinken
turîdû	ihr möchtet	*ta'kulû*	ihr esst	*tashrabû*	ihr trinkt
yurîdû	sie möchten	*ya'kulû*	sie essen	*yashrabû*	sie trinken

bekommen		reisen		vergessen	
*ah̲s̲ul *alâ*	ich bekomme	*'usâfir*	ich reise	*'ansâ*	ich vergesse
*tah̲s̲ul *alâ*	du (m) bekommst	*tusâfir*	du (m) reist	*tansâ*	du (m) vergisst
*tah̲s̲ulî *alâ*	du (w) bekommst	*tusâfirî*	du (w) reist	*tansaî*	du (w) vergisst
*yah̲s̲ul *alâ*	er bekommt	*yusâfir*	er reist	*yansâ*	er vergisst
*tah̲s̲ul *alâ*	sie bekommt	*tusâfir*	sie reist	*tansâ*	sie vergisst
*nah̲s̲ul *alâ*	wir bekommen	*nusâfir*	wir reisen	*nansâ*	wir vergessen
*tah̲s̲ulû *alâ*	ihr bekommt	*tusâfirû*	ihr reist	*tansaû*	ihr vergesst
*yah̲s̲ulû *alâ*	sie bekommen	*yusâfirû*	sie reisen	*yansaû*	sie vergessen

Tätigkeitswörter Zukunft

Durch die Vorsilbe *sa-* wird aus allen Gegenwartsformen Zukunft:

nusâfir wir reisen *sa-nusâfir* wir werden reisen

Wenn es aus dem Zusammenhang erkennbar ist, dass es sich um Zukünftiges handelt, muss die Vorsilbe *sa-* nicht unbedingt benutzt werden.

Tätigkeitswörter Scheinverb

Es gibt einige Ausdrücke, die zwar eine Tätigkeit beschreiben, ihrer grammatikalischen Form nach aber keine Verben sind.

Scheinverb haben

Besitztümer werden mit einer besitzanzeigenden Form des Verhältniswortes **ind*, „bei" benannt:

Personalpronomen	**ind:* bei + Suffix	Übersetzung
'anâ	**ind-î*	bei mir/ich habe
'ant	**ind-ak*	bei dir/du hast (m)
'anti	**ind-ik*	bei dir/du hast (w)
huwa	**ind-u*	bei sich/er hat
hiya	**ind-hâ*	bei ihr/sie hat
nahn	**ind-nâ*	bei uns/wir haben
'antum	**ind-akum*	bei euch/ihr habt
hum	**ind-hum*	bei ihnen/sie haben

Scheinverb mögen

yurîd mögen, wollen

'urîd 'an nashrab shay' fî hâdhâ l-maqhâ. Ich möchte, dass wir etwas in diesem Café trinken.

Scheinverb können

mumkin + Verb können

Hal mumkin 'an 'azûr al-djâmi?* Kann ich die Moschee besichtigen? (Möglich, dass ich ...?)

Scheinverb müssen

lâzim notwendig, müssen/brauchen

Lâzim 'ashtarî tawâbi.* Ich muss Briefmarken kaufen.

Fürwörter

Persönliche Fürwörter (Personalpronomen)

Einzahl	Mehrzahl		
'anâ	ich	*nahn*	wir
'ant	du (m)	*'antum*	ihr
'anti	du (w)		
huwa	er	*hum*	sie
hiya	sie		

In der Anrede wird nicht zwischen dem persönlichen „Du" und dem höflich-formellen „Sie" unterschieden.

Besitzanzeigende Fürwörter/Endungen

Statt besitzanzeigenden Fürwörtern (Possessivpronomen) werden an Haupt-, Tätigkeitswörter und Präpositionen besitzanzeigende Endungen angehängt. In der gesprochenen Sprache sind das meist:

Endung	Beispiel	
	bayt	ein Haus
-î	*bayt-î*	mein Haus
-ak	*bayt-ak*	dein Haus (m)
-ik	*bayt-ik*	dein Haus (w)
-hu	*bayt-hu*	sein Haus
-hâ	*baytu-hâ*	ihr Haus
-nâ	*baytu-nâ*	unser Haus
-akum	*baytu-kum*	euer Haus
-hum	*baytu-hum*	ihr Haus

Achtung bei Verben 2. Person Einzahl: *-nî*

tûqiz̲-nî du weckst mich

Bei weiblichen Hauptwörtern wird ein *-t* angehängt (*wallâ*at-hâ* = ihr Feuerzeug). Enden Hauptwörter auf ein langes *-î/-y*, verändert sich die Aussprache der besitzanzeigenden Endung: *as-salâm *alay-kum, barakat 'allâh fî-k.*

Satzstellung

Normalerweise gilt Verb + Subjekt + Objekt. Verben und Eigenschaftswörter richten sich nach dem Bezugswort, Zahlen nicht. Weitere Satzteile (Zeit-, Ortsangaben etc.) können sich anschließen. Bindewörter (Konjunktionen) verbinden Hauptsätze miteinander oder leiten Nebensätze ein.

Bindewörter

Wichtige Bindewörter

*na*am/lâ*	ja/nein	*lâkin*	aber, hingegen, jedoch	*wa*	und/als
'au	oder	*faqat̲/bass*	nur	*'an*	dass
lau	wenn	*mithl*	wie	*'ayd̲an*	auch, ebenfalls

Verhältniswörter

Wichtige Verhältniswörter

**alâ*	auf, über, an, gemäß, gegen, nach	*'ilâ*	zu, für, an	**ind*	bei
*ma*a*	mit, dazu	*li-*	für, zu, nach	*fî*	in (Ort)
bi-	mit, in (Ort, Art und Weise, Mittel)	*ba*d*	nach (Zeit)	*bidûn*	ohne
min	von, aus	*mundhu*	seit		

Fragesätze Gegenwart

Fragesätze – Ergänzungsfragen

Ergänzungsfragen werden von Fragewörtern eingeleitet. Wichtige Fragewörter:

'ayn?	wo?	*min 'ayn?*	woher?
'ilâ 'ayn?	nach wo, wohin?	*mâdhâ?*	was? (vor Substantiven verkürzt zu *mâ*)
'ayy?	welche, -r, -s?	*li mâdhâ?*	für was, warum?
matâ?	wann?	*kayf?*	wie?
man?	wer?	*kam?*	wie viel?

Entscheidungsfragen

Entscheidungsfragen beginnen mit dem Fragepartikel *hal* und werden mit „ja" oder „nein" beantwortet:

*Hal 'ant ta*bân?*	Bist du müde?

Normale Aussagesätze können auch ohne Fragepartikel/-wort, nur durch das Anheben der Stimme zu Fragen werden:

*Turîd djarîda *arabiyya?*	Möchtest du eine arabische Zeitung? (= Du möchtest eine arabische Zeitung?)

Verneinung

lâ nicht, nein/kein

verneint Verben (unabgeschlossene Handlungen) und Hauptwörter (Ereignis) sowie Befehle. *Lâ* steht vor dem Verb/Hauptwort:

Lâ *yaskun ba*îd min hunâ.*	Er wohnt nicht weit von hier.
Lâ *shay'.*	Kein Ding.

mâ was/nicht

verneint Sätze ohne Verb, Verbindungen mit **ind*, Verben in der Vergangenheit.
Im Alltag wird mit *mâ* fast alles verneint, es steht vor dem Tätigkeitswort:

Mâ **ind-î 'ibn.*	Ich habe keinen Sohn.
As-safar ***mâ*** *kân tawîl.*	Die Reise war nicht lang.

mush kein/nicht

verneint in der gesprochenen Sprache Hauptwörter und Eigenschaftswörter und wird vorangestellt:

'anâ ***mush*** *sâ'ih.*	Ich bin kein Tourist.
At̲-tâwila ***mush*** *kabîra.*	Der Tisch ist nicht groß.

lan nicht werden

verneint zukünftige Handlungen und Ereignisse und steht vor der Gegenwartsform des Verbs:

Lan *'ansâ hâdhihi z-ziyâra.*	Ich werde diesen Besuch nicht vergessen.

Arabische Zahlen

Indische Zahlen?

Seit dem achten Jahrhundert benutzen Araber aus Indien stammende Ziffern und rechnen mit dem indischen Dezimalsystem. Wahrscheinlich haben sich im Laufe der Zeit die Anfangsbuchstaben der indischen Zahlwörter zu den heute gebräuchlichen Zahlzeichen entwickelt. Die arabischen Ziffern, mit denen wir zählen und rechnen, stammen von den westarabischen Zahlzeichen ab. Diese wiederum sind Abwandlungen der indischen Ziffern, die heute in allen arabischen Ländern benutzt werden.

Doch nicht nur die arabischen Zahlen hatten weltweit Bedeutung, sondern auch die arabischen Naturwissenschaften, besonders die Mathematik. Im Mittelalter fanden berühmte arabische Mathematiker neue Rechenverfahren und das Prinzip der Gleichung. Auch in der Astronomie, Alchimie und Pharmazie hatten arabische Wissenschaftler großen Einfluß auf Europa und den Rest der Welt. In den arabischen Ländern findet man auf Schritt und Tritt die indischen Zahlzeichen: auf Märkten, auf den Geldscheinen oder in Büchern. Nicht nur beim Einkaufen kann es deshalb nützlich sein, wenigstens die Ziffern bis 10 zu beherrschen. Der Rest ist leicht, denn die Zahlen setzen sich nicht anders als unsere zusammen. Nur eine Sache sollte man beachten: Die Zahlen werden von links nach rechts geschrieben. Damit unterscheiden sie sich von der arabischen Schrift, die von rechts nach links läuft.

Jeweils links die arabischen, rechts die indischen Ziffern.

1 = ١	6 = ٦
2 = ٢	7 = ٧
3 = ٣	8 = ٨
4 = ٤	9 = ٩
5 = ٥	0 = ٠

Schauen Sie sich die drei Beispiele genau an:

34 = ٣٤
157 = ١٥٧
9060 = ٩٠٦٠

Wörter von A-Z

W

Fast alle Wörter stehen ohne Artikel und ohne Possessivendungen aufgelistet. Adjektive (außer Farben) stehen in maskuliner Form. Angegeben sind die Lektionen, in denen das Wort zum ersten Mal vorkommt bzw. näher erklärt wird, also als neues Dialogwort oder in der Randspalte.
Arabische Wörter, die **nur** in den Einführungs- oder Hintergrundtexten vorkommen, stehen **nicht** in dieser Liste, denn sie sind nicht Grundlage für Dialoge oder Übungen und zudem immer in den Texten direkt erklärt.
Bitte beachten: kurze Anfangsvokale mit Stimmabsatz (*'a, 'i, 'u*) sind der alphabetischen Liste vorangestellt. Darauf folgen Wörter mit dem arabischen Laut **ain* (*).

bâqî übrig/fehlend, Rest 69
baqlâwa Honig-Nuss-Gebäck 107, 109
barakat 'allâh fî-k Gottes Segen sei mit dir 69
barîd Post 41
barîd djawwî Luftpost 43
bâs Bus 113
batn Bauch 49
bayd Eier 23
bayt Haus 127
bi- mittels/mit/in 37
bi-djânib neben 89
bi-dûn ohne 87, 101
bi-kam für wie viel, was kostet 43
bi-khayr mit Wohl, Wohlbehalten 9
bi-kull surûr mit ganzer Freude, sehr gerne 37
bi-l-hanâ mit dem Wohlbefinden, guten Appetit 95
bi-munâsaba zum Anlass 99
bi-sur*a schnell 95
bint Tochter/Mädchen/Jungfrau/ unverheiratete Frau 17, 25, 26
bitâqât Postkarten 41
bukhûr Räuchermischung 123, 133
bunnî braun 75
da*wa Einladung 99
dayf Gast 154
daqîqa Minute/Moment 119
dawâ' Medizin 49
dhahab Gold 154
dhahâb gehen (hin-) 113
djadda Großmutter 26
djâmi* kabîr große Moschee 61
djamîla hübsch 17
djanna Paradies 127
djarîda Zeitung 67
djau*ân hungrig 23
djaula Rundgang/Ausflug 61
djawâz Pass 37
djiddan sehr 35
djimâl Kamele 115
djubna Käse 23
duktûr Arzt 27
fallâh Bauer 27
fanâdiq Hotels 155
faqat nur 41
fauran sofort 89
fawâkih Früchte 101, 109
fî es gibt/in (örtlich)/durch 15, 29, 61
fî 'amân 'allâh im Schutze Gottes 6
fi*lan tatsächlich 69
fidda Silber 79
fûl gekochter Bohnenbrei 105, 109
flûs Geld 37
flûs saghîra Kleingeld, Wechselgeld 69
funduq Hotel 115, 118
fursa sa*îda glückliche Gelegenheit 125
garsûn Kellner 87
ghadâ' Mittagessen 93
ghadan morgen 121
ghâlî teuer 73
ghuraf Zimmer 155
ghurfa Zimmer 119
ghurfat naum Schlafzimmer 29
grâm 154, 73
hâ'-ulâ' diese 27
hâdhâ/hâdhihi dieser, diese, dieses 2
hadîqa Garten 127
hadîyya Geschenk 99
hal Fragepartikel 1
hâl Lage 9
halîb Milch 87
halwâ Süßspeise 101, 109
hamm Sorge 121
hammâm Bad/Toilette 89
harâra Wärme/Herzlichkeit 133
hârr scharf 95
hayl Kardamom 73
hayyâ bi-nâ Aufforderungsform/ Los geht's 29
hinnâ Henna 43, 45
hiya sie 17, 35
hizâm 'amân Sicherheitsgurt 115
hubb Liebe 41
hummâ Fieber 49
hummus Kichererbsenpüree 95, 109
hunâ hier 35
hunâk dort 3
huwa er 27, 35
ka's Glas 89
kabîr groß 63
kazbara Koriander 73
kam wie viel 43
kân er war/er ist gewesen/er war gewesen 119, 131
kânat sie war/sie ist gewesen/sie war gewesen 131
kânû sie waren/sie sind gewesen/ sie waren gewesen 131
katab er schrieb/er hat geschrieben/er hatte geschrieben 49
kathîr reichlich, viel 95
kayf wie 9
kayf al-hâl? wie geht's? 9, 53
khabar? Nachricht 49
khâl Onkel mütterlicherseits 26
khâlî frei, leer 93
khams mi'a 500 81
khamsa/khams 5 55
khamsîn 50 79
khamasta *ashar 15, 75
khubz Brot 23
khudh/khudhî! nimm! 69, 95
kibrît Streichhölzer/Schwefel 67
kîlû Kilogramm 75
kîs Tüte, Beutel 73
kul! iss! 23, 95
kull *âm wa 'anti ('ant/'antum) bi-khayr jedes Jahr und du bist/ihr seid mit Wohl 99
kull al-*â'ila die ganze Familie 105
kull al-wadjabât alle Speisen 107
kull-akum allesamt 101
kwayyis gut/schön/ok 9
lâ nein/nicht, Verneinungsform 35, 49
lâ shukr *alâ wâdjib keinen Dank für die Pflicht, nichts zu danken 105
la-nâ für uns/bei uns 99
ladhîdh lecker, köstlich 95
lan Verneinungsform der Zukunft 13
latîf/latîfîn nett 47, 131
lau samaht/lau samahti wenn Sie gestatten 6
lauz/lauza Mandel(n)/eine Mandel 101
layl/layla Nacht (Gattung)/eine Nacht 101, 115
layla sa*îda glückliche Nacht, gute Nacht 11
laymûn/laymûna Zitrone(n)/eine Zitrone 101
lâzim notwendig/müssen/ brauchen 6
li- für/zu/nach 43
li-mâdhâ für was, warum 47
lîra/lîrât Währungseinheit: Pfund 34, 43
lubân Weihrauch 133
lugha Sprache 23
mâ Verneinungsform: was/nicht/ kein 21
mâ fî es gibt nicht 15
mâ fish es gibt nicht 15
mâ kash es gibt nicht 15
mâ shâ'a llâh Ausdruck der Bewunderung: was Gott will, wie herrlich 12
mâ' Wasser 89
mâ' ma*danî Mineralwasser 89

ma*a mit 47
ma*a l-'asaf mit dem Bedauern 67
ma*a s-salâma Abschiedsgruß: mit der Wohlbehaltenheit 29
mabsûtîn zufrieden 55
mâdhâ was 79
madîna Stadt 29
madîna qadîma Altstadt 61
madjalla Zeitschrift 67
maktab barîd Postamt 41
maktab sarf Wechselbüro 35
mamnû* verboten 63
man wer 53
maqbûl akzeptabel, einverstanden 81
maqhâ Café 87
marhaban hallo, willkommen 29
marhaban b-ak hallo, willkommen (als Erwiderung) 29
marîd krank 49
marra qâdima nächstes Mal 133
masâ' al-khayr Abend des Guten, guten Abend 11
masâ' al-ward Abend der Blume, guten Abend 11
masâ' an-nûr Abend des Lichtes, guten Abend (als Erwiderung) 11
masmûh erlaubt, zulässig 63
mat*am Restaurant 93
matâ wann 113
mathaf Museum 61
maudjûd vorhanden/anwesend 121
mazzâh Spaßvogel 47, 49
mi'a 100 79
mi'atayn 200 81, 93
min von, woher 15
min fadl-ak/-ik/-akum von deiner/eurer Güte, bitte (anbietend, gewährend) 37, 43
mithl gleich 75
mu*allima Lehrerin 27
mubâlagha Übertreibung 81
muhimm wichtig 69
mumkin können/dürfen/vielleicht 53
mumtâz ausgezeichnet, prima 55
mundhu seit 119
muqabbilât Vorspeisen 93, 109
mush kein, nicht 61, 63
mushkila Problem 63
mûsîqâ Musik 53
mutabbal Auberginenpüree 95, 109
mutazawwidj verheiratet 17
muwâfiq einverstanden 87
na*am ja 11
nadhhab wir gehen 29
nâfidha Fenster 93
nahn wir 55
nakhla Dattelbäume 127
namzah wir veralbern 47
naqûm bi- wir unternehmen 61
nashrab wir trinken 87
nazûr wir besuchen 47
nimsâwî/nimsâwiyya Österreicher/Österreicherin 15
nusâfir wir reisen 131
nusf halb/Hälfte 119
qa'imat ta*âm Speisekarte 93
qabl vor 131
qadîm alt 79
qahwa Kaffee 87, 91
qalîl etwas, ein wenig, gering 47
qarîb bald/nahe/etwas, räumliche oder zeitliche Nähe 21, 35
qarya Dorf 125
râ's Kopf 49
ra'y Meinung 61
rakhîs billig 73, 73
raqm hâtif Telefonnummer 55
rub* viertel/Viertel 119
rubbamâ vielleicht 81
sâ'ih Tourist 69
sâ'iq Fahrer 113
sâ*a Uhr, Stunde 113
sa*îd glücklich, Glückwünsche 99
sa- Futurpartikel 47
sab* mi'a 700 81
sab*a/sab* 7 55
sab*ata *ashar 17 75
sab*în 70 79
sabâh al-khayr Morgen des Guten, guten Morgen 15
sabâh al-yâsmîn Morgen des Jasmin, guten Morgen 11
sabâh an-nûr Morgen des Lichtes, guten Morgen (als Erwiderung) 15
sabâh ghad morgen früh 115
sâda Herren 107
sadâqa Freundschaft 133
sadîq Freund 115
safar Reise 115
sahîh richtig, wirklich 73
sâkhin heiß 121
salâh Gebet 63
salâm Friede 9
sallim *alâ! grüß! 133
sâlsat filfil Peperonisoße 95
samak mashwî gegrillter Fisch 105, 109
sanawât Jahre 21
sandûq barîd Briefkasten 43
sawdâ' schwarz 75
sayyid Herr 25, 43
sayyida Dame 25, 43
shab*ân satt 101
shâbb Jüngling 21
shahr Monat 125
shakhs eine Person 93, 119
shakhsayn zwei Personen 93
shâri* Straße 35
shawarma Grillfleisch vom Drehspieß 105, 109
shây Tee 15
shay' Ding, Sache, etwas 81
shîk siyâhî Reisescheck 37
shîsh kabâb gegrillte Hammelfleischspieße 93, 109
shûf! schau! 41
shukran Dank, danke 9, 127
shukran djazîlan Dank reichlich, vielen Dank 15, 127
shwayya etwas, ein wenig, gering 47
simsim Sesam 73
sitt mi'a 600 81
sitta *ashar 16 75
sitta/sitt 6 55
sittîn 60 79
sukkar Zucker 15
sûq Markt, Marktviertel 61, 71
sûra Foto/Bild 17
swîsrâ Schweiz 15
swîsrî/swîsriyya Schweizer/Schweizerin 15
ta'kul/ta'kulî du isst 101, 107
ta*âl ma*-î! komm mit mir! 35, 95
ta*bân müde 11
tab*an selbstverständlich 89
tabûla Tomaten-Petersiliensalat 105, 109
tadhkâr Andenken 79
tadhkirât safar Karte zum Reisen, Fahrschein 113
tadjma* sie sammelt 41
tafaddal/tafaddalî/tafaddalû bitte (anbietend, gewährend) 15, 37, 43
tahliya Nachtisch 107, 109
tahmil du trägst 121
tahsul *alâ du bekommst 113
taht unter 79
tahtâdj du benötigst 127
taklîf Förmlichkeit 101
taksî Taxi 115
tâlib Student 23
tamâm vollendet, in Ordnung, abgemacht, ok 29
tamr getrocknete Datteln 109, 127
tansâ du vergisst 121

tansah du empfiehlst 107
tashrabî du trinkst 107
tasurru sie erfreut 125
tatakallam du sprichst 69
tauqî* Unterschrift 37
tawâbi* Briefmarken 41
tawâbi* khâssa Sondermarken 43
tawîl lang 119
tâwila Tisch 75
tayyib gut 37
thalâth mi'a 300 81
thalatha *ashar 13, 75
thalâtha/thalâth 3 41, 55
thalâthîn 30 79
thamân mi'a 800 81
thamânîn 80 79
thamâniya/thamân 8 55
thamanta *ashar 18 75
thaqîla schwer 75
thulth Drittel 121
thûm Knoblauch 73
tîn Feigen 107, 109
tis* mi'a 900 81
tis*a/tis* 9 55
tis*ata *ashar 19 75
tis*în 90 79
tu*djib sie gefällt 125
tuhibb sie liebt 81
tûqiz du weckst 121
turîd/turîdî/turîdû du möchtest/ ihr möchtet 61, 107
tusâfirû ihr reist 133
wa und 23
wa *alay-kum as-salâm und der Friede sei mit dir/ euch (als Erwiderung) 9
wa lâkin aber 47
wa llâh bei Gott, wahrlich (auch Schwur) 81
wâha Oase 105
wâhida/wâhid 1, 55
walad Kind/Junge 125
wallâ*a Feuerzeug 67
waqt Zeit 87
yâ Anredepartikel/oh 9
yâ 'ilâh-î oh mein Gott 81
yâ khasâra oh schade 75
yakfî es genügt, es reicht 101
yalla! los geht's!/verschwinde! 29
yasil er kommt an 113
yaskun er wohnt 47
yatakallam er spricht 53
yaum al-'arba*â' Mittwoch 131
yaum al-ahad Sonntag 131
yaum al-djum*a Freitag 131
yaum al-ithnain Montag 131
yaum al-khamîs Donnerstag 131
yaum al-thalâthâ' Dienstag 131
yaum as-sabt Samstag 131
yaydak Hände 43
yayday Hände 43
yurâm ist gewünscht 127
za*farân Safran 73
zâr er besuchte 53
zaudja Ehefrau 21
ziyâra Besuch 99